Majestäten der Wälder

Erwin A. Bauer

MAJESTÄTEN
DER WÄLDER

Ein Tribut an die Geweihträger
Europas und Nordamerikas

Text von Erwin A. Bauer
Fotos von Erwin und Peggy Bauer
Aus dem Amerikanischen von Dr. Gabriele Colditz

Verlagshaus Reutlingen Oertel + Spörer

Haftungsausschluß

Die Hinweise in diesem Buch stammen von den Autoren.
Es können jedoch keinerlei Garantien übernommen werden.
Ein Haftung der Autoren bzw. des Verlages und seiner Beauftragten für Personen-, Sach- und Vermögensschäden ist ausgeschlossen.

Die Deutsche Bibliothek · CIP-Einheitsaufnahme

Majestäten der Wälder : ein Tribut an die Geweihträger Europas und Nordamerikas / Text von Erwin A. Bauer. Fotos von Erwin und Peggy Bauer.
Aus dem Amerikan. von Gabriele Colditz. –
Reutlingen : Verl.-Haus Reutlingen Oertel und Spörer, 1996
Einheitssacht.: Antlers natures majestic crown <dt.>
ISBN 3-88627-180-3
NE: Bauer, Erwin A.; Colditz, Gabriele [Übers.]; EST

Edited by Mary Katherine Parks and Helene Anderson
Designed by Lou Gordon and Kathryn Mallien
By arrangement with Voyageur Press, Inc., Stillwater, Minnesota U.S.A.

Postfach 16 42 · 72706 Reutlingen

Schrift: 10/11 Garamond
Übersetzung und Lektorat:
Dr. Gabriele Colditz, Reutlingen
Satz: typoscript GmbH, Kirchentellinsfurt
Druck: Oertel + Spörer, Reutlingen
Einband: Heinrich Koch, Tübingen
Printed in Germany
ISBN 3-88627-180-3

Der Weißwedelhirsch im Hintergrund würde sich für das Rekordbuch von Boone and Crockett qualifizieren. Das Tier im Vordergrund ist auch außergewöhnlich.

Widmung

Den vielen Organisationen, welche sich den Schutz der Wildtiere und die Bewahrung der Lebensräume für die Zukunft der in diesem Buch beschriebenen Tiere zum Ziel gesetzt haben:

Foundation for North American Big Game, Greater Yellowstone Coalition, Boone and Crockett Club, Canadian Nature Federation, Defenders of Wildlife, Montana Wilderness Association, National Audubon Society, National Wildlife Federation, National Parks and Conservation Association, Nature Conservancy, Pope and Young Club, Rocky Mountain Elk Foundation, Sierra Club, Whitetails Forever, Wilderness Society, Wildlife Conservation Society und der World Wildlife Fund.

Dieses Buch ist auch den folgenden Freunden von geweihtragenden Tieren gewidmet:

Brent und Robin Allen, Charles Alsheimer, Hefner Appling, Dick Buchonis, Murry Burnham, Jay Diest, Fossil Rim Wildlife Center, Gill Gigstead, Allen und Larry Grimland von der Whitetail Ranch, Bob und Judy Hoy, George T. Jambers Jr., Clarence Johnstone, Kermit Klaerner, Mike Loss, Malcolm Mackenzie, Northwest Trek, Dan und Uli Nowlan, Gap und Peggy Puchi, Roy Randall, Rob Reagan, Frank und Homer Sayers und George Smith.

Inhaltsverzeichnis

Ein Karibubulle im Denali Nationalpark in Alaska.

EINFÜHRUNG

In einem unterirdischen Bereich im Zentrum von San Antonio in Texas befindet sich ein Schrein, der von manchen wie ein Heiligtum verehrt wird. Es ist die „Buckhorn Hall of Horns“ in der Lone Star Brauerei, wo eine der weltgrößten Sammlungen von Weißwedelhirschköpfen, die stumm von staubigen Wänden herunterstarren, ausgestellt ist. Einer dieser Köpfe hielt mit seinen unglaublichen 78 Enden lange Zeit den Weltrekord. Tausende pilgern jedes Jahr von weit her dorthin, nur um diese Trophäen zu sehen – und zu träumen.

Viel mehr Menschen bestaunen eine andere, außergewöhnliche Geweih- und Hornausstellung, die „Boone and Crockett Club's National Collection“, welche an den Holzwänden einer Jagdhütte im „Buffalo Bill Historical Center“ in Cody, Wyoming, hängt. Diese Sammlung enthält einige der größten bekannten Geweihe von verschiedenen nordamerikanischen Hirscharten, einschließlich der weltgrößten Geweihe von Karibus und Sitkahirschen neben vielen anderen rekordverdächtigen Trophäen.

Auf der anderen Seite der Weltkugel, in den Ballsaalgewölben eines alten Jagdgasthauses in der Nähe von Braemer in Schottland, gibt es eine großartige Geweihsammlung, neben der die prahlerischen Sammlungen von Buckhorn und Buffalo Bill fast bescheiden anmuten. Hier befinden sich die präparierten Köpfe oder Schädel von mehr als 3000 Rothirschen, die in einem 30000 Hektar großen Gebiet, das einst der Enkelin von Königin Victoria gehörte, erlegt wurden. Der Hausmeister nennt sie den Großvater aller Trophäensammlungen – er könnte damit recht haben.

Es gibt eine große Vielfalt an Geweihformen. Der Minnesota-Weißwedelhirsch besitzt ein „hohes“ Geweih, was in diesem Verbreitungsgebiet recht ungewöhnlich ist.

Geweihe von Weißwedelhirschen können merkwürdige, ja bizarre Formen aufgrund von Vererbung, Verletzung, Krankheit, Parasitenbefall oder anderen Ursachen annehmen. Dies sind ungewöhnliche Exemplare in der „Buckhorn Hall of Horns" in San Antonio in Texas.

Geweihe. Seit Beginn der Geschichtsschreibung sind die Menschen von ihnen fasziniert. Vor etwa 15 000 Jahren kroch ein Steinzeitmensch in eine Höhle in Südfrankreich und malte im flackernden Schein einer Fackel mit Oxidfarben auf eine Kalksteinwand. Seine genaue Darstellung eines männlichen Rothirsches (und anderer Tiere) kann heute noch in der nun berühmten Höhle von Lascaux bewundert werden. Irgendwo in tiefen Schluchten und versteckten Grotten verteilt über die nördliche Hemisphäre befinden sich andere, weniger bekannte Darstellungen und Felsmalereien von Tieren mit Geweihen. Häufig zeichnete der Künstler die Geweihe größer, als sie tatsächlich gewesen sein können, so wie die heutigen Trophäensammler übertreiben, wenn es um die Geweihgröße geht. Einmal während einer Wildwasserfahrt auf dem „Fluß ohne Wiederkehr“ in Idaho, dem turbulenten Mittelarm des Salmon, setzten wir unser Floß ans Ufer, um uns die Beine zu vertreten. Vom Fluß aus folgten wir einem schmalen Wildwechsel in eine tiefe Klamm, wo seit längerem niemand mehr gegangen war. Bei einer Verschnaufpause entdeckte jemand eine alte und stark verwitterte Skizze in roter Farbe von einem Wapiti oder Maultierhirsch mit langem, nach hinten gebogenem Geweih. Wer weiß, wie lange es her ist, daß ein Ureinwohner Amerikas, der jagte und künstlerisch veranlagt war, von hier mit seiner Trophäe von dannen zog?

Später auf derselben Tour schlugen wir unser Zeltlager an einem sandigen Flußufer auf, über das kreuz und quer Hirschfährten verliefen. In einen umgestürzten Baumstamm in der Nähe hatte ein Hirschjäger der Gegenwart mit seinem Jagdmesser eine Nachricht geschnitzt: „R. Miller schoß hier seinen größten Bock am 24. Oktober 1971.“ Wahrscheinlich ist R. Miller wie viele seiner Jagdgenossen in den USA und Kanada in seiner Gemeinde, seinem Club und an seinem Arbeitsplatz für seine Fähigkeit als Jäger bekannt – oder eher wegen der Ausmaße der Geweihe, die an seinen Wänden hängen.

Vom Eßtisch bis zum Medizinschränkchen

Primitive Völker stellten einige ihrer ersten Werkzeuge, Waffen und Dekorationsgegenstände aus Geweihen (erlegten oder abgeworfenen) her. Kunsthandwerker verwenden sie heute noch und verarbeiten das rauhe Material, um alles mögliche – von dekorativen Messergriffen und Gürtelschnallen bis hin zu Knöpfen, Pfeifen, Schöpflöffeln, Spielkartenhaltern und Schmuck – daraus herzustellen. Über Jahrhunderte wurden pulverisierte Geweihe in Asien gegen alles, von übersäuertem Magen und Übelkeit bis zu Arthritis, Rheuma, Impotenz und Vergeßlichkeit, verschrieben. Obwohl es wenig Beweise dafür gibt, daß diese Medizin hilft – außer psychologisch – ist die Nachfrage nach Geweihen als Pharmazeutikum groß genug, um eine weltweite Industrie von Hirschfarmen zu fördern – und unglücklicherweise auch die Wilderei.

Was kostet ein Traum?

Es gab Zeiten, da waren Geweihtrophäen wertvoller als Gold. Das wahrscheinlich teuerste Geweih der Geschichte gehörte dem Sechsundsechzigender von Moritzburg (der tatsächlich nur 62 Enden hatte), geschossen 1696 von König Friedrich I. von Preußen. Nach der Legende wurde er von der Tochter des Wildhüters, die auf einem zahmen Elch ritt, zur Königstribüne gezogen. Später verkaufte der König das Geweih an Friedrich August von Sachsen für eine ganze Kompanie – zweihundert der besten Grenadiere seines Königreiches. August wollte den Schädel für seine riesige Geweihsammlung in Schloß Moritzburg in der Nähe von Dresden, wo er immer noch Staub ansetzt.

Für zahllose Jäger weltweit ist das Trachten nach Trophäen schon fast eine Religion. 1991 verbrauchten nur in dem US-Staat Texas 600 000 geprüfte Jäger über fünf Millionen Tage und eine Milliarde Dollar, um die Geweihe von dem Tier zu erlangen, das sie als das großartigste jagdbare Wild der Erde bezeichnen – den Weißwedelhirsch.

Um die Nachfrage nach Geweihen zu stillen, findet jedes Frühjahr im Nordwesten Wyomings eine ungewöhnliche Veranstaltung statt. Es ist die „Jackson Hole Antler Roundup“. Für etwa eine Woche durchkämmen Pfadfindergruppen das nahegelegene „National Elk Refuge“, wo etwa 10 000 Wapitis den harten Winter verbringen, um mehrere Tonnen Geweihe einzusammeln, die von den Bullen abgeworfen wurden, bevor sie in ihre Sommergebiete zurückgekehrt sind. Diese Geweihe werden dann auf einer Auktion an Käufer aus Korea und Taiwan versteigert. Jedes Jahr wird genug Gewinn erzielt, um die Winterfütterung ebenso wie viele andere Naturschutzmaßnahmen der Pfadfinder zu finanzieren.

Geweihe dienten immer als Symbol für Stärke und Gesundheit, für Status, Macht oder Ansehen ebenso wie für Wildheit. Geweihe erscheinen auf den Ärmeln königlicher Gewänder und auf den Briefmarken vieler Länder. Römische Legionen marschierten durch Europa, indem sie einem Steinadler, der auf dem Geweih eines mächtigen Hirsches saß, folgten. Geweihe hängen in primitiven Trapper-Lagern entlang der Flüsse Louisianas, über Kaminen in Jagdhütten in Manitoba, in klimatisierten Firmenbüros in Los Angeles und in Schlössern von Schweden bis Spanien. Ein großes, oder besser gesagt, das

Gegenüberliegende Seite: Ein prächtiger Maultierhirsch mit einem großen Geweih im Winter. Oben: Ein Prachtexemplar eines nordamerikanischen Wapitis mit einem mächtigen, fast rekordverdächtigen Geweih.

größte Geweih von einer Hirschart zu besitzen, sichert dem Eigentümer ein hohes Ansehen, unabhängig davon, wo er oder sie lebt.

Große, prächtige Geweihe haben ihre Faszination auch auf mich ausgeübt. Ich bewundere die beeindruckenden Trophäen an den Wänden, aber ich bin viel mehr von ihnen fasziniert, wenn sie noch von ihren lebendigen Besitzern getragen werden. Die Jagd auf diese herrlichen Wiederkäuer, zuerst mit dem Gewehr und während des letzten Vierteljahrhunderts nur noch mit der Kamera, hat mich zu einigen der wildesten, beeindruckendsten, einsamsten und schönsten Plätze der Erde geführt.

Ich denke besonders an einen Novemberabend. Den ganzen Tag über war das Wetter schlecht gewesen, und Schnee wirbelte über das Absaroka-Beartooth Gebiet in der Nähe, wo Peggy und ich in Paradise Valley in Montana leben. Auf dem Heimweg mit Kamera und Objektiven im Rucksack begann ich immer schneller zu gehen, um warm zu werden. Plötzlich sah ich in einem letzten, völlig unerwarteten Sonnenstrahl das mit grauweißen Spitzen versehene Geweih eines prächtigen Hirschbullen, der sich vor dem bedrohlichen, blauschwarzen Himmel über mir abhob. Ich nestelte an meinem Rucksack herum, um die Kamera herauszuziehen, war aber nicht schnell genug. Trotzdem ist dieses unheimliche Erlebnis eine „Trophäe“, die ich für immer mit mir herumtrage.

Ebenso ein anderer, sehr ähnlicher Moment irgendwann in den 60er Jahren auf der anderen Seite des Globus im Iran, bevor Aufruhr und Revolution dieses Land aufgezehrt haben. In der Abenddämmerung eines düsteren Tages saß ich müde und mit wunden Füßen auf einem Grat der Elbursberge im späteren Mohammad Reza Shah Nationalpark und beobachtete eine Herde von jungen Rothirschbullen auf einem anderen Bergkamm, die ungestört äste. Dann fielen die letzten Strahlen eines goldenen Sonnenuntergangs wie eine Segnung direkt auf die Geweihe und schienen sie in Flammen zu setzen, als kurz darauf die Nacht hereinbrach. Ich saß noch lange Zeit im Dunkeln, bevor ich zurück zum Lager trottete.

Das ist es, was ich mit der Faszination der Geweihe meine.

Geweihe waren immer ein Symbol für Stärke und Gesundheit, Macht und Ansehen und ebenso für Wildheit.
Kleines Bild: Die größte Populationsdichte von Wapitis und der beste Ort, um sie im Winter aus der Nähe zu beobachten, ist das „National Elk Refuge“ bei Jackson in Wyoming, wo Tausende von Hirschen jedes Jahr von Menschen gefüttert werden. Später werden die Geweihe, die in dem Gebiet abgeworfen werden, von Pfadfindern eingesammelt und auf einer Auktion in Jackson verkauft, um mit dem Erlös Schutzmaßnahmen zu finanzieren.

GEWEIHE

Biologen sind sich darüber einig, daß es vierzig verschiedene Arten und ungefähr fünfmal mehr Rassen oder Unterarten von Hirschen auf der Erde gibt. Zusammen bilden sie die Familie Cervidae.

Zum Glück sind fünf der vierzig Arten – der Maultierhirsch, der Weißwedelhirsch, der Elch, der Wapiti und das Karibu, alle in Nordamerika heimisch – relativ einfach zu finden, manchmal sogar in Vorstadtgärten und Parkanlagen. Die meisten europäischen Arten sind ebenso leicht zu beobachten. Um die restlichen zu entdecken, muß man sich dagegen auf allen Kontinenten außer der Antarktis durch Sümpfe und Regenwälder kämpfen, Berge ersteigen, einsame Wälder durchstreifen, über die öde Tundra wandern oder heiße, trockene Ebenen durchqueren. Keine einfache Sache, das ist wahr, aber gewiß ein Abenteuer. Und wer sucht, wird schließlich einige der elegantesten, schnellsten, am schwersten faßbaren und interessantesten Vertreter des Tierreichs antreffen. Sie tragen so exotische, fremd klingende Namen wie Muntjak oder Mazama, Barasingha und Maral, Huemul und Pudu, Samba- und Sikahirsch, Axishirsch, Davidshirsch, Weißlippenhirsch und Schweinshirsch.

Was alle diese Hirsche von anderen Tieren unterscheidet, ist das Geweih, das die männlichen Hirsche jedes Jahr bilden und wieder abwerfen. Kein anderes Tier tut dies. Das sehr kleine Chinesische Wasserreh und das Moschustier aus Ostasien bilden allerdings Fangzähne statt Geweihe aus. Weibliche Rentiere und Karibus bekommen auch Geweihe, die aber im Durchschnitt viel kleiner als die der männlichen Tiere sind.

Ein Wapitibulle Ende August auf einer Wiese im Yellowstone Nationalpark. Der Bast schält sich vom Geweih; bald beginnt die Brunft. Der Bulle ist gepflegt und gut genährt, aber er wird bald einen Teil seines Gewichtes verlieren, weil er während der Brunftzeit nicht frißt. Drei Wochen, nachdem dieses Foto geschossen wurde, war das Geweih sauber und glatt, und das Tier hatte einen Harem aus Weibchen um sich versammelt.

Systematische Einteilung der nordamerikanischen und europäischen Hirsche

Familie	*Unterfamilie*	*Gattung*	*Art*	*Deutscher Name*
Cervidae	*Alcinae*	*Alces*	*Alces alces*	Elch
	Cervinae	*Cervus*	*Cervus elaphus*	Rothirsch
			C. e. canadensis	Wapiti
		Dama	*Dama dama*	Damhirsch
	Odocoileinae	*Capreolus*	*Capreolus capreolus*	Reh
		Odocoileus	*Odocoileus hemionus*	Maultierhirsch
			Odocoileus virginianus	Weißwedelhirsch
	Rangiferinae	*Rangifer*	*Rangifer tarandus*	Rentier, Karibu

Geweihe und Hörner

Geweihe dürfen nicht mit Hörnern verwechselt werden, obwohl Hirschgeweihe häufig fälschlicherweise so bezeichnet werden. Die Hörner von Dickhornschaf, Bergziege, Moschusochse, Bison und Gabelbock, die sich ihren Lebensraum mit den Hirschen in Nordamerika teilen, werden niemals abgeworfen. Sie bestehen aus einem Material mit dem Namen Keratin (das auch in Klauen, Hufen und Fingernägeln enthalten ist) und wachsen anders als Knochen ein Leben lang. Amerikanische Antilopen werfen die äußere, schwarze Schicht ihrer Hörner jeden Winter ab. Vier Monate später ist sie vollständig ersetzt.

Was sind aber nun Geweihe? Die Antwort ist einfach: reiner Knochen. Er ist in der Tat der am schnellsten wachsende Knochen, der den Wissenschaftlern bekannt ist. In nur drei oder vier Sommermonaten kann ein Alaska-Elch ein riesiges Geweih ausbilden, das soviel wiegt wie das Skelett eines erwachsenen Menschen.

Bei den meisten männlichen Hirschen bildet sich das erste Geweih im Frühling oder Sommer des zweiten Jahres. Sechs bis neun Monate später wird es abgeworfen. Jedes Jahr wächst ein neues Geweih und wird wieder abgeworfen, solange das Tier lebt.

Es gibt keine zwei Geweihe, die in Größe, Gewicht und Form genau gleich sind. Ist der Hirsch gesund und seine Ernährung ausreichend oder überdurchschnittlich gut, wird das Geweih jedes Jahr größer als zuvor, bis der Hirsch die Blüte seines Lebens überschritten hat. Danach werden die Geweihe allmählich kleiner. Abhängig von Art und Stellung liegt die „Blütezeit“ eines Tieres zwischen dem vierten und zehnten Lebensjahr. Die Geweihgröße ist aber niemals ein genauer Nachweis für das Alter eines Hirsches. Nur eine sorgfältige Untersuchung der Zähne kann Aufschluß darüber geben, wie lange das Tier gelebt hat.

Zwar nimmt die Geweihgröße über die Jahre zu, aber die Form und individuelle Unregelmäßigkeiten bleiben bestehen. Jegliche Verformung des Geweihes oder der Geweihbasis (Rosenstöcke) aufgrund einer Verletzung tritt bei allen nachfolgenden Geweihen auf. Entsteht allerdings eine Anomalie durch einen Unfall in einer frühen Wachstumsphase – wenn ein Hirsch z. B. mit seinem Geweih an einem Ast hängenbleibt – muß diese nicht bei den folgenden Geweihen auftreten. Ein scharfer Beobachter kann im Freiland viele männliche Tiere Jahr für Jahr allein an ihren Geweihen erkennen.

Vor nicht allzu langer Zeit glaubte man, daß die warmen Tage und die damit verbundene Schneeschmelze das Wachstum des Geweihes der Weißwedelhirsche im nördlicheren Verbreitungsgebiet auslösen würden. Heute wissen wir aber, daß unabhängig von Kälte oder Wärme nur die zunehmende Tageslänge im Frühling bewirkt, daß sich ein neues Geweih aus den Rosenstöcken bildet und wächst. Forschungen haben gezeigt, daß Geweihe nicht zu wachsen beginnen, solange die Böcke in Dunkelheit gehalten werden. Hat das Wachstum begonnen, wird es eingestellt, wenn die Tiere in unbeleuchtete Räume gesperrt werden. In den Tropen kann das Geweihwachstum zu jeder Jahreszeit beginnen, da es nur geringfügige – wenn überhaupt – jahreszeitliche Schwankungen bei der Tageslänge gibt.

Wachstum und Entwicklung

Die Geweihentwicklung bei männlichen Hirschen ist schon vor der Geburt festgelegt. Noch im Mutterleib beginnen sich die Rosenstöcke auf dem winzigen Schädel zu entwickeln. Später nach der Geburt erscheinen sie als Tolle in den Stirnhaaren der Kitze und Kälber. Diese Rosenstöcke werden zur Verbindungsstelle zwischen dem Schädel und dem Geweihknochen. Untersuchungen haben gezeigt, daß die Rippen eines Hirsches während des Geweihwachstums spröde werden, weil Kalzium und andere Mineralien den Rippen und dem Brustbein entzogen werden, um das Geweihwachstum zu fördern. Obwohl Geweihe während des Wachstums „leben“, „sterben“ sie ab und verhärten, sobald ein erhöhter

Dieses Waldkaribu-Weibchen, das ein Kalb säugt, besitzt ein kleines Geweih, hier noch im Bast.

Testosteronspiegel das Wachstum zum Stillstand bringt.

Sehr häufig beginnt die Geweihbildung im ersten Jahr. Während des Wachstums ist das Geweih mit einer braunen Haut bedeckt, die sich wie Wildleder anfühlt und Bast genannt wird. Dieser Bast ist eine modifizierte Ausdehnung der Kopfhaut und ist die einzige bekannte regenerierbare Haut bei Säugetieren. Der schnell wachsende Geweihknochen wird durch winzige Blutgefäße im Bast und im Knochen selbst, der sich auch warm anfühlt, versorgt. Die kurzen feinen Basthärchen, die das lebende Geweih während des Wachstums bedecken, dienen als Tasthaare (wie die Schnurrhaare der Katze). Sie sind sehr berührungsempfindlich und warnen den Hirsch vor vielen Hindernissen. Dadurch werden Zusammenstöße und mögliche Verletzungen der Augen und des sich entwickelnden Geweihes verhindert. Männliche Hirsche scheinen eine besondere Fähigkeit zu besitzen, die Größe und Form ihres eigenen Geweihes abzuschätzen. Das bedeutet, daß sich selbst die Tiere mit den größten Geweihen in dichter Vegetation mit erstaunlich wenig Schäden an den Geweihen oder sogar ohne anzuecken schnell bewegen können. Ein flüchtender Elch zum Beispiel scheint genau berechnen zu können, welche Höhe er für eine Flucht durch die Bäume benötigt und wie er seinen Kopf dabei neigen muß. Er behält diese Fähigkeit auch, wenn sich der Bast abschält. Der Bast wird vollständig abgeworfen, wenn der Geweihknochen aufhört zu wachsen und erhärtet und nicht weiter benötigt wird. Das nackte Geweih, das zum Vorschein kommt, wenn der Bast abgestreift wird, ist glatt und stark genug, um den hohen Belastungen zu widerstehen, wenn die Männchen ihre Rangkämpfe austragen.

Wegen ihrer Häufigkeit und ihrer weltweit wirtschaftlichen Bedeutung sind die Hirsche (besonders in Nordamerika und Europa) die am meisten untersuchte Wildtiergruppe. Die meisten Wildbiologen sind sich heute einig, daß zwei Hauptfaktoren, Ernährung und Vererbung, bestimmen, wie schnell ein Geweih wächst und wie groß es wird. Biologen aus Texas haben festgestellt, daß nicht nur die Grundform vererbt wird, sondern auch die Anzahl der Enden, die Art der Hauptverzweigungen und die Unebenheiten an der Geweihbasis. Darüber hinaus herrscht aber eine allgemeine Unstimmigkeit, ob Ernährung oder Vererbung dabei eine bedeutendere Rolle spielen. In jüngster Zeit wurde die Frage aufgeworfen, ob Luft- und Wasserverschmutzung – insbesondere durch Pestizide – ernsthafte Auswirkungen auf die Geweihentwicklung haben könnten. Geweihdeformationen treten in landwirtschaftlich genutzten Gebieten, wo viele Chemikalien eingesetzt werden, häufiger auf. Einige Wissenschaftler glauben, daß der Jagddruck, besonders die Trophäenjagd, ein wichtiger Faktor für die Geweihentwicklung ist. Werden zu viele der größten männlichen Tiere jedes Jahr abgeschossen, wirkt sich das nachteilig auf die

Im Frühherbst taucht ein großer Maultierhirsch aus den dunklen Wäldern im hellen Sonnenlicht auf. Man erkennt, daß er entweder an einer Geweihverletzung oder an einem Drüsenproblem leidet.

gesamte Population aus. Andere widersprechen dieser Theorie.

Einige Tatsachen sind jedoch nicht umstritten. Gute Ernährung im ersten Lebensjahr eines männlichen Hirsches ist Voraussetzung für die Entwicklung eines prächtigen, eindrucksvollen Geweihes. Immer mehr Untersuchungen zeigen, daß unterernährte Hirschkälber unterdurchschnittlich kleine Rosenstöcke ausbilden, was schließlich Wachstum und Größe des Geweihes begrenzen. Umgekehrt erlauben große Rosenstöcke das schnelle Wachstum eines schweren Geweihes.

Das größte je existierende Geweih gehörte zu *Megaloceros giganteus*, dem längst ausgestorbenen Irischen oder Riesenhirsch der nordeuropäischen Tundra. Er trug ein Schaufelgeweih mit einer Spanne von mehr als drei Metern. Das größte Geweih einer noch lebenden Art bilden die Elche in Alaska und im Yukon mit einer maximalen Spannweite von etwa 2,1 Metern. Der kleinste lebende Hirsch ist der Pudu aus Südamerika. Er erreicht gerade eine Höhe von 38 cm und bildet nur ein Spießgeweih von 7,5 bis 10 cm Länge aus.

Konformisten und Nichtkonformisten

Als typisch oder normal werden Geweihe bezeichnet, bei denen die beiden Hälften symmetrisch oder nahezu symmetrisch sind. Eine Seite spiegelt fast die andere wider: Die Hauptstange und ihr Gegenstück haben annähernd dieselbe Dicke, Länge und Krümmung und tragen die gleiche Anzahl von Enden. Die Bullen und Böcke aus unterschiedlichen Rassen und Verbreitungsgebieten besitzen häufig eine Struktur, die typisch für ihr Gebiet ist. Ohne Zweifel ist das ein Zeichen für Vererbung und teilweise Isolation. Maultierhirsche können beispielsweise in einer Gegend Geweihe tragen, die den Schädel hoch überragen, wogegen Maultierhirsche in anderen Regionen Geweihe besitzen, deren Wuchs mehr in die Breite geht.

Dann gibt es die untypischen oder mißgebildeten Geweihe, die häufig massiver sind als die typischen Geweihe aller Arten. Sie sind unsymmetrisch mit einer ungleichen Anzahl von Enden pro Seite oder einer merkwürdig verdrehten Form. Es gibt keine Möglichkeit, diese untypischen Geweihe zu beschreiben, außer als eine schwere Masse aus Knochen. Einige von ihnen sind riesig und äußerst beeindrukkend. Die Geweihe scheinen aus dem Schädel heraus explodiert zu sein und besitzen häufig zwei- bis dreimal soviel Knochenmasse wie ein Geweih von einem Hirsch gleichen Alters und gleicher Größe in demselben Umfeld.

Untypische Geweihe können durch Verletzungen des Geweihes oder der Rosenstöcke während der frühen Entwicklungsphase, durch Wundmyasis (Erreger sind Fleischfliegen der Gattung Lucilia, die ihre Eier zwischen den Rosenstöcken ablegen, wodurch es zu Entzündungen oder Verletzungen kommt) oder anderen Ursachen, denen die Biologen bisher nicht auf den Grund gehen konnten, hervorgerufen werden. Verletzungen des Tieres irgendwo am Körper können auch Form und Wuchs des Geweihes beeinträchtigen. Ein Elch, der sich bei einem Zusammenstoß mit einem Auto das Bein brach, bildete später nur ein verkümmertes Geweih auf der verletzten Seite aus, obwohl das Bein vollständig heilte.

Während Geweihe von Weißwedelhirschen als typisch oder untypisch eingestuft werden können, werden sie weiterhin noch in drei Kategorien, die für sich sprechen, eingeteilt: „Breitgeweih“, „Hochgeweih“ und „Korbgeweih“.

Warum gibt es Geweihe?

Aber warum bilden – oder brauchen – Hirsche Geweihe in erster Linie? Die naheliegendste Antwort könnte sein: für Angriff und Verteidigung, für Begegnungen mit und zum Vertreiben von Rivalen während der Fortpflanzungszeit und als Schutz gegen Feinde. Es ist wahr, daß männliche Hirsche gelegentlich grausam kämpfen, wie einige Fotos in diesem Buch belegen, aber entscheidend ist nicht der Einsatz des Geweihes als Waffe.

Berücksichtigen wir nur zum Beispiel die Tatsache, daß die meisten Hirsche ihre mächtigen Geweihe, wenn sie hauptsächlich dem Schutz dienen würden, nicht tragen, wenn sie sie am meisten benötigen – wenn nämlich Raubtiere für sie am ehesten eine ernsthafte Bedrohung darstellen.

Kritisch ist die Zeit, wenn die Hirsche noch sehr jung sind und im Winter, nachdem die Geweihe abgeworfen wurden. Und wenn die Geweihe der Verteidigung dienen würden, warum tragen dann die weiblichen Tiere keine? Ich beobachtete einmal einen männlichen Weißwedelhirsch mit einem kräftigen Geweih, der von einem Rudel Wildhunde überfallen

Architektur

Die Architektur der natürlichen Form der Geweihe variiert sehr stark von Art zu Art. Einige sind bescheiden und ziemlich einfach. Sie bestehen aus zwei gegenüberliegenden Hauptstangen, die den Rosenstöcken im Schädel entspringen und nur eine einfache Verzweigung oder Gabelung besitzen. Andere sind kunstvoll und massiv und besitzen sehr schwere Stangen und zahlreiche Sprossen. Elch und Damhirsch bilden ein Schaufelgeweih. Rentiere bilden Verzweigungen über der Stirn, wodurch das Geweih nach vorne bis über das Maul hinwegragt und schaufelförmig sein kann.

Punktbewertung

Der natürliche Wettkampfgeist des Menschen hat dazu geführt, daß wir verschiedene Systeme entwickelt haben, um die größten Trophäen genau zu vermessen, zu bewerten und zu vergleichen.

Das erste Bewertungssystem stammt von Rowland Ward, einer alten, angesehenen Präparatorwerkstatt in London. Anfang des 20. Jahrhunderts veröffentlichte die Firma Rekordbücher, in denen die größten Hörner und Geweihe der Welt aufgeführt waren. In der Ausgabe von 1928 waren auch nordamerikanische Arten miteinbezogen, wurden aber danach aus unerfindlichen Gründen wieder weggelassen. Es wurden noch einige andere Bewertungssysteme entwickelt, die aber zu unvollständig waren. Sie berücksichtigten nur die Länge und/oder die Breite der Geweihstangen und bewerteten nicht wirklich die Gesamterscheinung – die Größe und Attraktivität – eines Geweihes. 1930 wurde das „Conseil International de la Chasse" in Paris gegründet, zunächst als eine große Jagdschutzorganisation und später, um außergewöhnliche Trophäen aus der ganzen Welt zu registrieren. Das C.I.C. veröffentlichte das Buch „Jagdtrophäen der Welt" im Jahr 1981 und registrierte die prächtigsten Trophäen hauptsächlich aufgrund der Länge der Hauptstangen der Geweihe oder Hörner.

Fast ein Jahrhundert früher, 1887, lud der Umweltschützer und US-Präsident Theodore Roosevelt eine Gruppe amerikanischer Jäger zu sich nach Hause in Sagamore Hill in New York ein, um die Gründung einer Gesellschaft zu besprechen, welche den höchsten Standards der sportlichen Fairneß und der Erhaltung der großen jagdbaren Wildtiere in den Vereinigten Staaten gewidmet werden sollte. Dieses Treffen führte zu der Bildung des Boone and Crockett Club (Adresse siehe unter „Organisationen"). Seither hat der Club zahlreiche Schutzprojekte finanziert und war maßgeblich bei der Verabschiedung von Umweltschutzgesetzen beteiligt. Der Club ist aber am bekanntesten wegen seiner Einführung eines Punktbewertungssystems für Trophäen und als Sammelstelle für Rekord-Geweihe. Fast alle der größten Geweihe, die in Nordamerika etwa während der vergangenen hundert Jahre erlegt oder gefunden wurden, wurden von offiziellen Bewertungsrichtern von Boone and Crockett vermessen und ordnungsgemäß registriert. 1932 veröffentlichte Boone and Crockett sein erstes „Records of North American Big Game". Die zehnte Ausgabe wurde 1993 gedruckt. In ihr sind Maße, Ort und Datum des Abschusses oder Fundes von etwa 8000 der größten Cervidae-Geweihe, die in öffentlichen oder privaten Sammlungen existieren, aufgelistet.

Nach der Boone and Crockett Methode wird das Geweih eines männlichen Hirsches mit Punkten bewertet, die sich aus folgenden Werten zusammensetzen (mit einer Genauigkeit von 1/16 Zoll = 1,6 mm): die Länge der beiden Hauptstangen, die Länge aller normalen Sprossen, der größte Innenabstand zwischen den beiden Hauptstangen und der größte Umfang der Hauptstangen. Die Summe dieser Maße in Zoll wird Vorbewertung genannt.

Wenn es sich um ein typisches Geweih handelt, gibt es für alle Unterschiede in der Länge zwischen den beiden Geweihstangen Punktabzug. Punktabzug gibt es auch für alle unnormalen Sprossen. Wenn sich auf einer Seite vier Enden und auf der anderen fünf befinden, wird die Länge der zusätzlichen Sprosse von der Vorbewertung abgezogen, um die Punktzahl der Endbewertung zu erhalten. Mißgebildete oder untypische Geweihe werden auf dieselbe Art bewertet, außer daß alle Enden ungeachtet dessen, wie viele es sind und wo sie sich befinden, vermessen werden und in die endgültige Punktbewertung mit einfließen. Obwohl dieses Bewertungssystem von Boone and Crockett entwickelt wurde, um nordamerikanische Arten zu beurteilen (sowohl horn- als auch geweihtragende Arten), kann es auf alle weltweit vorkommenden Hirscharten angewendet werden (und ist wohl das beste Bewertungssystem).

Ein ähnliches System wurden von dem Safari Club International (siehe Adresse in „Organisationen") entwickelt,

das im „International Record Book of Trophy Animals“ veröffentlicht wurde.

Der Pope and Young Club (siehe Adresse in „Organisationen“), der die Aufzeichnungen der Trophäen von mit Pfeil und Bogen erlegten Tieren verwaltet, verwendet das System von Boone and Crockett. Ebenso die Longhunter Society (siehe Adresse in „Organisationen“), welche Tiere registriert, die mit antiken Gewehren geschossen wurden. Man ist sich einig darüber, daß das Bewertungssystem von Boone and Crockett das beste und fairste bei der Vermessung und Bewertung von Geweihen ist.

Es entwickelte sich sogar schlagartig das Interesse am Suchen und Sammeln von abgeworfenen Geweihen. Einige der größten, bekannten Hirschgeweihe stammen von solchen Funden. Der North American Shed Hunters Club (siehe Adresse in „Organisationen“) veranstaltet jährlich eine Ausstellung und einen Wettbewerb für Geweihe, die während Expeditionen im Winter gesammelt wurden. Das Nachbauen von Geweihen aus Kunststoff ist auch ein wichtiges Hobby und Geschäft geworden.

Seite 24–27: Geweihe dürfen nicht mit Hörnern verwechselt werden. Geweihe werden abgeworfen und jedes Jahr ersetzt; Hörner wachsen so lange, wie das Tier lebt. Aber zahlreiche Hornträger teilen sich den Lebensraum mit den Geweihträgern, haben sich parallel zu ihnen entwickelt und stehen häufig in Konkurrenz mit ihnen. Das arktische Verbreitungsgebiet des Moschusochsen (gegenüberliegende Seite) überschneidet sich mit dem der Karibus. In vielen Bergregionen leben Dickhornschafe (rechts) zusammen mit Wapitis, Maultierhirschen und gelegentlich Elchen. Es ist nicht ungewöhnlich, daß Schneeziegen (oben) in denselben hochgelegenen Gebieten leben wie Maultierhirsche, wobei es sich im Sommer besonders um junge, männliche Tiere handelt.

Der Bison (Seite 26) teilt sich den Yellowstonepark und den Theodor Roosevelt Nationalpark und andere Schutzgebiete im Westen mit Wapitis, Maultier- und Weißwedelhirschen. Das weiße Dickhornschaf (Seite 27 oben) aus Alaska und dem Yukon teilt sich Lebensräume mit dem Karibu. Sowohl Maultier- als auch Weißwedelhirsch können in denselben Weidegründen wie der Gabelbock (Seite 27 unten), manchmal dicht beieinander, beobachtet werden.

wurde. Zur Verteidigung schlug der Hirsch mit seinen Vorderhufen nach den Angreifern, aber nicht mit seinem Geweih, wie man es vermuten könnte.

Männliche Hirsche scheinen ihr Geweih vorwiegend dafür zu besitzen, den Rang oder die Dominanz in einer Herde oder in einem Revier zu behaupten, indem sie es einfach gut präsentieren. Das größte, gesundeste Männchen mit dem mächtigsten Geweih hat normalerweise die meisten Nachkommen, ist aber nur selten gezwungen, die Geweihstangen ernsthaft in einem Kampf einzusetzen. Das reine Zurschaustellen des Geweihes verbunden mit den richtigen Körper- und Kopfbewegungen reicht aus, um mögliche Rivalen einzuschüchtern.

Geweihe dienen wahrscheinlich auch dazu, Weibchen anzulocken und zu umwerben. Scharfe Beobachter haben häufig festgestellt, daß paarungsbereite Weibchen dazu neigen, Männchen mit schwereren Geweihen zu bevorzugen.

Es wurden noch weitere Beobachtungen gemacht. Männliche Tiere können sich gegenseitig leichter an den Geweihen erkennen als am Geruch. Wenn sich Männchen begegnen, die sich kennen, haben sie häufig schon die Rangordnung festgelegt, und es gibt keine Veranlassung für Rangkämpfe. Tiere, die sich nicht kennen, werfen sich in Positur oder kämpfen, um die Rangordnung zu klären. Zahlreiche Versuche mit Herden in Gefangenschaft bei verschiedenen Arten haben gezeigt, daß, wenn man einem ranghohen, männlichen Tier das Geweih entfernte, dieses bald von anderen Männchen herausgefordert wurde, die es nicht länger anerkannten oder fürchteten.

Die Entwicklung der Geweihform

Wofür die Geweihe auch dienen, ihr Aufbau bei den verschiedenen Arten hat sich über die Jahrtausende in Anpassung an die Umwelt entwickelt. Es gibt eine festgeschriebene Beziehung zwischen Struktur oder Form der Geweihe und dem Lebensraum. Das Geweih eines Weißwedelhirsches ist nach vorne und leicht einwärts gebogen, um die Augen zu schützen, wenn das Tier durch dichtes Unterholz streift. Die Geweihe vom Rothirsch und seinen nahen Verwandten scheinen perfekt geformt zu sein, um das Durchwandern von Bergwäldern zu erleichtern. Eines der besten Beispiele für die Anpassung eines Geweihes an die Umwelt finden wir beim Elch. Die im Wald lebenden Unterarten besitzen normalerweise parallele und eher nach oben weisende Schaufeln, während die der Tundra- oder Alaska-Elche ausladender und abgeplatteter sind. Sie bieten dem in den offeneren Landschaften herrschenden, ständigen Wind weniger Angriffsfläche.

Jeder männliche Hirsch folgt seinem eigenen Jahreszyklus und wirft sein Geweih immer ungefähr zur selben Zeit jedes Jahr ab. Die Bildung eines neuen Geweihes beginnt überraschenderweise ziemlich bald, gewöhnlich innerhalb von ein oder zwei Wochen. Wenn die Geweihe abgeworfen werden, bleiben sie in der Natur nicht lange bestehen. Der Knochen ist voller Kalzium, Phosphor und anderen Mineralsalzen, welche zahlreiche Nagetierarten von Maus und Wühlmaus bis zu Eichhörnchen und Stachelschwein für ihre Ernährung benötigen. Einmal auf dem Boden liegend, werden die Geweihe von diesen Tieren angenagt. Verschiedene Hirscharten

wurden auch schon dabei beobachtet, wie sie abgeworfene Geweihe angefressen haben. Sonne und Regen bleichen und zersetzen die übriggelassenen Teile bald, so daß diese Geweihe schließlich zerfallen und in den Boden übergehen. Ihre Mineralien dienen als Nährstoffe für Pflanzen, die wiederum von der nächsten Hirschgeneration, die Geweihe bildet, gefressen werden. Das ist der Kreislauf der Natur.

Der Grand Teton Nationalpark in Wyoming. Gabelböcke äsen häufig auf den weiten Flächen im Vordergrund, gelegentlich zusammen mit Elchen, während Wapitis und Maultierhirsche die Gebirgsausläufer im Hintergrund bewohnen.

Leben im natürlichen Gleichgewicht

Alle Hirscharten, die in diesem Buch erwähnt werden, sind wichtige und häufig die größten Mitglieder natürlicher Ökosysteme – wilde Lebensgemeinschaften aus Pflanzen und Tieren, die ein Netzwerk wechselseitiger Abhängigkeit bilden. Ursprünglich gehören zu diesen Ökosystemen auch Beutegreifer. Obwohl die Fleischfresser davon leben, andere Arten innerhalb des Ökosystems einschließlich der Hirsche zu töten und zu fressen, passen diese beiden Gruppen gänzlich zueinander.

Wölfe und Rentiere beispielsweise haben sich zusammen über viele Jahrtausende entwickelt. Hirsche und Berglöwen entwickelten parallele Lebensweisen. Diese beiden teilen sich immer noch den Lebensraum in Nordamerika und sind in unterschiedlichem Maße tatsächlich voneinander abhängig.

Ich kann diese Beziehung nicht genug betonen. Die Beutegreifer benötigen die Hirsche und andere Tiere als Energiequelle, die sie zum Überleben brauchen. Und vielleicht erstaunt es, daß es umgekehrt ebenso ist. Wenn ihr Bestand nicht kontrolliert wird, vergrößern sich die Herden von Hirschen und Elchen bald so sehr, daß das Land sie nicht mehr ernähren kann. Mit der Zeit führt das zu einem kompletten Zusammenbruch des Ökosystems. Wo immer Beutegreifer ausgerottet wurden – wie es zu oft besonders in Europa stattgefunden hat – ist es notwendig geworden, den Hirschbestand durch Abschuß zu kontrollieren.

Ideal ist es, gesunde Bestände sowohl von Hirschen als auch Beutegreifern zu erhalten, die groß genug sind, so daß beide Gruppen begrenzt bejagt werden können. Durch modernes, wissenschaftliches Jagdmanagement ist dies heute möglich. Ein vernünftiges Management ermöglicht auch das Heranwachsen und das Erlegen von größeren und besseren Trophäen.

Entscheidend ist, daß die Fleischfresser äußerst wichtig sind, nicht nur bei der Erhaltung des Wildes. Jede Foto-, Jagd-, Camping- oder Wandertour in der Wildnis ist anders, wenn dort Raubtiere lauern.

Viele verschiedene Beutegreifer vom Rotfuchs bis zum Braunbär in Alaska üben irgendwann einen Einfluß auf die Familie der Hirsche aus. Gesichts-, Geruchs- und Hörsinn sind bei den Raubtieren mindestens so gut ausgeprägt wie bei den Beutetieren. Viele sind auch flink, listig, schnellfüßig und gute Schwimmer. Trotzdem sind einige Raubtiere wie Füchse, Fischotter, Vielfraße oder Luchse entweder so klein oder so langsam, daß sie nur die jüngsten, kleinsten Hirsche schlagen können. Andere sind nur als Aasfresser von Bedeutung, welche die Überreste der anderen Beutegreifer auf-

fressen. Sie alle gehören zu den interessantesten und bedeutendsten Tieren, die auf der Erde leben.

Gegenüberliegende Seite: Ein atemberaubender Blick über die Absaroka-Beartooth Wilderness und das Flußtal des Yellowstone in Montana. Die Autoren haben in diesem Gebiet alle nordamerikanischen Hirscharten mit Ausnahme von Karibus zur einen oder anderen Zeit gesehen oder fotografiert.

Oben: Wapitis teilen sich den Lebensraum im National Bison Range in Montana mit Bisons und anderen Huftieren.

Rechts: Wölfe sind ausdauernde Jäger, die über weite Strecken rennen können und damit ein großes Revier auf der Suche nach Beutetieren durchstreifen. Seit jeher reißen Wölfe alle Arten von Hirschen – und tun es, dort wo sie überlebt haben, heute noch. Hier frißt ein Wolf an einem Kadaver eines Wapitibullen. Bullen, die von der Brunft (während der sie keine Nahrung aufnehmen) geschwächt sind, sind durch Raubtiere im Winter besonders gefährdet.

Oben: Geweihe können häufig Verletzungen davontragen. Dieser Wapitibulle aus Alberta wurde von einem Auto angefahren. Abgesehen von dem deformierten Geweih scheint er gesund zu sein. Links: Die Rosenstöcke, wie sie bei diesem Karibukalb zu sehen sind, werden zur Verbindung zwischen Schädel und Geweihknochen. Gegenüberliegende Seite: So riesig wie das Geweih dieses prächtigen Weißwedelhirsches schon ist (hier fotografiert Mitte August), kann es sogar noch etwas größer werden.

Alle Fotos: Dieses Fotos zeigen verschiedene Stadien des Geweihwachstums beim Wapiti – von den Kolben, die gewöhnlich im April, nachdem das alte Geweih abgeworfen ist, erscheinen, bis zu dem kapitalen Geweih. Ein Zwölfender (sechs Enden auf jeder Seite) wird als „normal“ angesehen.

Gegenüberliegende Seite oben: Ein Maultierhirschbulle im besten Alter mit einem ausgezeichneten, typischen Geweih. Gegenüberliegende Seite unten: Der Geweihknochen wird durch Blutgefäße im Bast und in dem Geweih selbst mit Nährstoffen versorgt. Oben: Mit ziemlicher Sicherheit ist dies eines der größten für Weißwedelhirsche typischen Geweihe, die je an einem frei lebenden Tier fotografiert wurden. Es würde nach dem System von Boone and Crockett etwa 190 Punkte erzielen. Dieser Bock wurde im November 1993 auf einer Ranch in Nordtexas fotografiert, wo mit Einschränkungen gejagt werden darf. Oben rechts: Dieser Maultierhirsch besitzt ein fast perfekt symmetrisches Geweih – ein typisches Exemplar. Sein Hals ist für die Brunft angeschwollen. Rechts: Ein sehr gutes Beispiel für ein untypisches Geweih bei einem Maultierhirsch.

Oben links: Nahaufnahme von einem merkwürdig gewachsenen Geweih eines Weißwedelhirsches in Missouri. Es ist unmöglich, genau zu sagen, was diese einzigartige Form verursacht hat. Oben: Ein Maultierhirschbulle benutzt sein Geweih, um sich einer Zecke auf dem Rücken zu entledigen. Links: Das blutrote Geweih dieses Karibubullen in Alaska paßt zu dem scharlachroten Herbstlaub in dieser Landschaft.

Oben: Ein Maultierhirsch aus Alberta mit einem halb ausgewachsenen Geweih im Bast; er verliert den Bast Anfang September. Mitte: Dieses arktische Erdhörnchen hat an dem Geweih eines durch die Kälte oder einen Wolf getöteten Elchbullen genagt. Unten: Dieses Geweih wurde Anfang April von einem kleinen Wapitibullen abgeworfen. Dort, wo es sich von den Rosenstöcken gelöst hat, ist es noch blutig.

Diese Fotos zeigen den Kontrast zwischen den Geweihformen von Shiras-Elchen und Alaska-Elchen. Der Shiras-Elchbulle (links) ist eher ein Waldtier, und sein Geweih wächst nach oben. Der Alaska-Elchbulle (oben) lebt in offeneren Landschaften, so daß sein Geweih eine eher abgeflachte Form angenommen hat, um dem ständigen Wind weniger Angriffsfläche zu bieten.

Zwei besonders außergewöhnliche Karibubullen: der eine trägt das bastüberzogene Sommergeweih (oben), der andere mit dem polierten, gefegten Geweih ist bereit für die Brunft (rechts).

DER ELCH

Verglichen mit anderen großen Tieren auf der Erde und sogar mit einigen anderen Hirscharten ist der Bestand des Elches, *Alces alces*, gesichert, trotz der vielen Tiere, die ums Leben kommen, wenn sie weite Wanderungen unternehmen oder jeden Winter von den immergrünen Wäldern in die Städte ziehen. Sie mögen heute nicht mehr so weit verbreitet sein wie vor einem Jahrhundert oder noch früher, aber mit geringen Schwankungen sind die Bestände heute ziemlich stabil.

Skandinavien und ein breiter Gürtel aus Nadelwäldern quer durch Rußland ist die Heimat des europäischen Elches. Besonders in Nordskandinavien sind die Elche weit verbreitet, weil die Wälder schonend bewirtschaftet werden und der menschliche Einfluß auf die Landschaft gering ist. Die Elchbestände in Schweden wurden in den frühen 90er Jahren auf etwa 100 000 geschätzt.

Elche, besonders die Bullen, sind erfolgreiche Wanderer. Beispielsweise sind schon einmal mehrere Tiere vom Helsingfors Sund in Südwestschweden 16 km weit bis Dänemark geschwommen, wo die Art seit 1000 Jahren ausgestorben ist. Mehrere Kriege ließen die Art zeitweise aus den Sümpfen und Moorwäldern in Ostpolen verschwinden, aber wieder eingewanderte Tiere aus dem benachbarten Rußland stehen heute unter absolutem Schutz.

In Nordamerika ist der Elch noch häufiger anzutreffen. Während der späten 80er und frühen 90er Jahre wurden die Elche in New England so zahlreich, daß man sie in Maine zum Abschuß freigegeben hat. Etwa hundert Tiere leben in der oberen Halbinsel von Michigan und im nördlichen Minnesota. Eine bedeutende Anzahl von Elchen besiedelt etwa zwei Drittel von Kanada und fast ganz Alaska ebenso wie das Gebiet der Rocky Mountains von Alberta in Richtung Süden bis zum nördlichen Utah und Colorado. Der Bestand in Alaska liegt irgendwo zwischen 100 000 und 200 000.

Ein sehr großer Elchbulle, der seinen Bast verliert, aufgenommen in Alaska. Dieses Geweih ist die größte, massigste Stirnwaffe, die ein Tier auf seinem Kopf trägt.

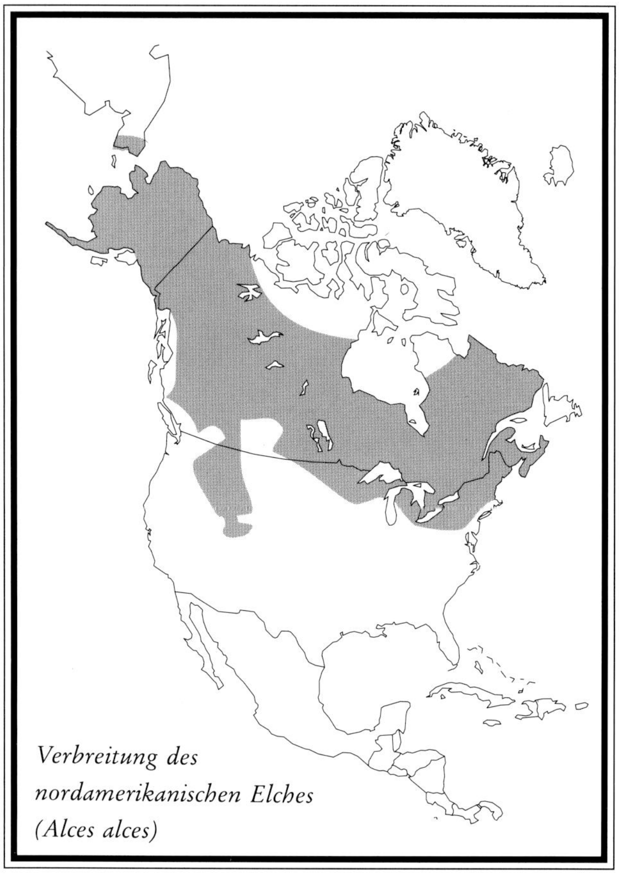

Verbreitung des nordamerikanischen Elches (Alces alces)

wir in Jackson Hole in Wyoming lebten. Kein anderes lebendes Tier trägt so viel „Ballast" – als Horn oder Geweih – auf dem Kopf wie ein männlicher Elch. Eine Anzahl von Bullen wurde in Alaska erlegt, deren Geweihe eine Spanne von über 1,80 m hatten. Einer von ihnen, 1958 in der Nähe der Redoubt Bay geschossen, besaß ein Geweih von fast 2,10 m Breite. Das größte Geweih bei Boone and Crockett stammt aus der Nähe von McGrath in Alaska und mißt 195,6 cm von Spitze zu Spitze und besitzt 34 Enden.

Zwei weitere Elchunterarten besiedeln die Alte Welt. *A. a. alces* ist in Skandinavien und im nördlichen Rußland verbreitet. *A. a. cameloides* lebt oder lebte in Sibirien, in der Mandschurei und in der Mongolei. Sie sehen den amerikanischen Elchen sehr ähnlich und sind nur schwer voneinander zu unterscheiden.

Bezüglich seiner äußeren Erscheinung, Ernährung, Bevorzugung von halbaquatischen Lebensräumen und allgemeinen Lebensweise entspricht der europäische Elch seinem nordamerikanischem Vetter. Große Bullen können bis zu einer halben Tonne wiegen, aber das Schaufelgeweih, obwohl es sehr eindrucksvoll ist, erreicht die Ausmaße von den Elchen in Alaska und Kanada nicht.

Wissenschaftler haben festgestellt, daß die finnischen Elche zwei erheblich unterschiedliche Geweihformen besitzen, wofür sie keine Erklärung haben. Die Tiere im nördlichen und östlichen Finnland haben aufgefingerte Schaufelgeweihe wie in allen anderen Verbreitungsgebieten. Aber die Geweihe der Bullen im südlichen und Zentralfinnland sind gewöhnlich nicht aufgefingert.

Verbreitung

Wenn wir von dem nordamerikanischen Elch sprechen, meinen wir damit eigentlich vier Unterarten, die sich im Aussehen nicht wesentlich unterscheiden. Die Bullen von *Alces alces gigas* in Alaska und dem Yukon haben eine durchschnittlich 61 cm größere Schulterhöhe als die Männchen der kleinsten Unterart *A. a. americana* im östlichen Drittel von Kanada und New England. Dazwischen leben die am weitesten verbreitete Rasse *A. a. andersoni* in Zentral- und Westkanada und *A. a. shirasi* in den nördlichen Rocky Mountains mit dem kleinsten Verbreitungsgebiet. Letztere wurde nach George Shiras benannt, einem Pionier der Tierfotografie, der wahrscheinlich der erste war, der verschiedene Arten (einschließlich des Elches) bei Nacht mit Blitzlicht fotografierte. Die meisten unserer eigenen Erfahrungen machten wir mit dieser letzten Unterart, die häufig über unser Grundstück wanderte und mit uns den Ausblick auf die Tetons teilte, als

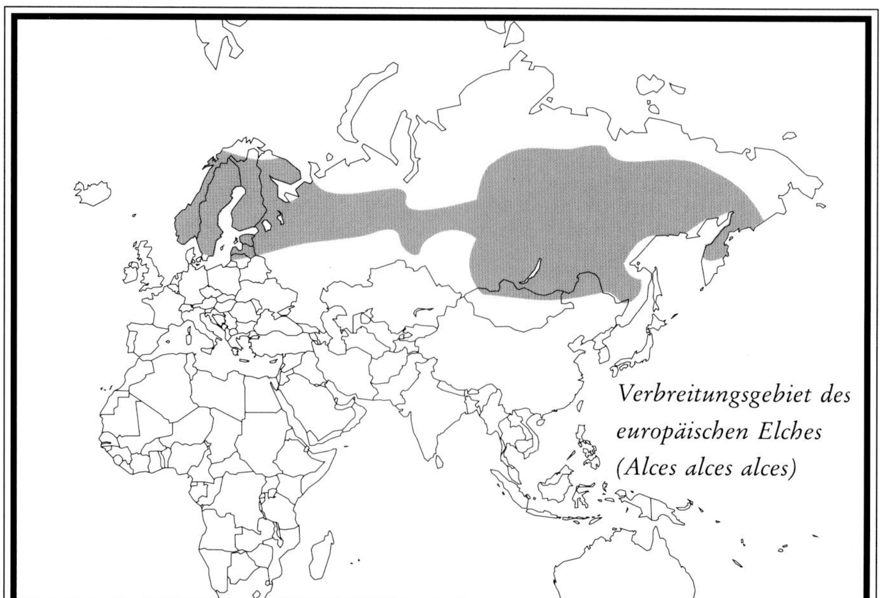

Verbreitungsgebiet des europäischen Elches (Alces alces alces)

Oben: Ein Shiras-Elchbulle in Wyoming frißt von der frischen, grünen Sommervegetation. Es ist die am wenigsten streßvolle Zeit des Jahres für einen Elch. Rechts: Der typische, durch Biber überflutete Lebensraum eines Elches im Grand Teton Nationalpark in Wyoming.

Wandelnde Schönheit

Zu häufig werden Elche als unbeholfen oder häßlich oder als beides bezeichnet. Aber jeder, der sie kennt, weiß es besser. Die Elche, die ich gelegentlich am Suce Creek in der Nähe unseres Hauses sah, waren hübsch und perfekt an ihre Umwelt angepaßt. Es ist nicht unbeholfen, durch tieferen Schnee trotten zu können oder leichter durch schlammiges Marschland zu waten als jeder andere Vertreter aus der Familie der Hirsche, die in diesem Buch beschrieben sind. Die langen, kräftigen Beine sind eindeutig ein Vorteil.

Trotz ihrer Größe und des mächtigen Geweihes einiger Bullen sind die Elche auf ihre Beine und große Schritte angewiesen, um Gefahren schnell zu entgehen – gewöhnlich Raubtieren, aber manchmal auch Rivalen. Derselbe Elch, der durch den trockenen Wald stampft, Äste von den Bäumen reißt und Zweige unter seinen Füßen zerbricht, kann sich auch leise, fast geisterhaft durch denselben Wald davonschleichen, ohne auch nur mit einer Spitze des Geweihes irgendwo anzuecken.

Das lange Gesicht und das überhängende Maul des Elches sind perfekt an die Bedürfnisse dieser Art angepaßt. Das große Maul erlaubt einem Elch, zarte, grüne Blätter ganz sauber, ja sogar vorsichtig von Ästen und Weidenschößlingen abzuziehen. Denken Sie nur daran, wie ein Elch ganz gezielt Wasserpflanzen abweiden kann, indem er bis zum Bauch im Wasser watet und dabei die Augen über der Wasseroberfläche hält. Auf diese Weise kann eine Elchkuh auf ihr Kalb und ebenso auf mögliche Feinde achten.

Neben den langen Beinen und dem herabhängenden Gesicht ist wohl das Fell das auffälligste Merkmal des Elches. Der tiefe, schwere Körper ist mit langen, dunkelbraunen oder schwarzen Deckhaaren bewachsen. Die Beine sind häufig hell, gewöhnlich grau, besonders an der Innenseite. In sehr harten Wintern isoliert die feinere Unterwolle und hilft, die Kälte zu überstehen, während das dunklere Deckhaar Wärme auch von spärlichem Sonnenlicht absorbiert. Hin und wieder haben wir im Winter in Montana und Wyoming Elche, sogar mit Kälbern, gesehen, die sich fast völlig haben einschneien lassen, bis der Schneesturm vorüber war. Außer den Rentieren sind Elche besser dafür ausgerüstet, lange Zeiträume von bitterer Kälte zu überstehen, als alle anderen Hirscharten.

Sozialverhalten

Ein verbreiteter Irrtum über Elche ist die Annahme, daß sie Einzelgänger sind. Verglichen mit Rothirsch oder Rentier (beides Herdentiere) sind sie es wahrscheinlich. Aber wir haben weit häufiger zwei oder mehr Elche zusammen angetroffen, als wir einzelne Tiere gesehen haben. Elchkühe zum Beispiel werden fast immer von ihren Kälbern begleitet. Während der Brunft folgen der Kuh nicht nur ein Kalb oder mehrere Kälber, sondern auch eine Reihe von Freiern. An einem Herbstnachmittag im Grand Teton Nationalpark trafen wir eine paarungswillige Kuh umgeben von acht Bullen und ihren Zwillingskälbchen. Wir schätzten, daß alle frisch gefegten Geweihe der Männchen zusammen etwa 135 kg wiegen würden.

Junggesellengruppen, besonders bei Männchen der Unterart *shiras*, bilden sich häufig im Winter. An einem Tag Ende November 1975 zählten wir 33 Elche, meistens Bullen, in einem Gebiet von etwa 20 Hektar in der Nähe von Moran in Wyoming. Jedoch sind solch große Herden überall und zu jeder Zeit ungewöhnlich.

Fortpflanzung

Die Brunft ist die aufregendste Zeit im Jahreszyklus des Elches oder wahrscheinlich jedes Hirsches. Wenn der Sommer zu Ende geht, endet auch die Toleranz der Bullen untereinander. Gerade wenn der letzte blutige Bast von den Geweihen gefegt wird, fangen sie an zu posieren, Kämpfe auszutragen und den Gegner herauszufordern. Sie beginnen auch mit der beharrlichen Suche nach Weibchen, wobei sie ständig laut grunzen.

Die Zeit der Werbung kann gelegentlich sehr ruhig ablaufen, indem der Bulle der Kuh nicht von der Seite weicht, sie bewacht und ihr auf Schritt und Tritt

Begegnungen mit Elchen

Es ist eine Untertreibung zu sagen, daß Elchkühe ihre Kälber beschützen. Zahlreiche Wanderer, Rucksackreisende und Angler, die durch Elchgebiete gekommen sind, wurden von verärgerten Muttertieren bedroht und sogar vertrieben. Bei einer Floßfahrt auf einem Fluß in Ontario wurden der vierzigjährige Al Forsky und sein halbwüchsiger Sohn von einer wild gewordenen Elchkuh ins eisige Wasser getrieben, als sie aus Versehen zu nahe an ihr Kalb, das am Ufer stand, herantrieben. Die Kuh sprang in das Gummifloß und durchlöcherte es.

Einige Elche scheinen besonders kleine Hunde, die nach ihnen schnappen, nicht zu mögen. Nicht weit entfernt von Anchorage in Alaska wurde die 66jährige Anisha McCormick totgetrampelt, als sie versuchte, ihre Hunde vor einem Elchbullen während der Brunftzeit zu retten.

Louise Lecœuvre war mit Schneeschuhen in der Nähe ihres Hauses in Alpine in Wyoming unterwegs, als plötzlich ein Elch aus dem Nichts auftauchte und sie umrannte. Es geschah so plötzlich, daß sie noch nicht einmal wußte, ob es sich um einen Bullen oder eine Kuh handelte. Das Tier trat mit einem Huf durch das Geflecht eines der Schneeschuhe und schleifte die arme Frau etwa neun Meter weit mit, bevor es sich selbst befreien konnte, und ließ sie in einer Schneewehe mit gebrochenen Knochen und Rippen zurück. Ihr Ehemann fand sie später unterkühlt und hilflos. Er brachte sie ins Krankenhaus in Jackson Hole, wo sie sich schließlich erholte. Ein Jahr später war sie wieder mit Schneeschuhen unterwegs und hegte keinen Groll gegen den Elch.

Gegenüberliegende Seite: Ein Alaska-Elchbulle im Bast frißt an zarten, grünen Weiden in der tief stehenden Sommersonne.

folgt, bis die Paarung schließlich stattfindet. Aber häufiger gibt es Konkurrenz und führt dazu, daß zwei oder mehr Bullen anwesend sind, deren Rangordnung noch festgelegt werden muß. Es kann dann zu einem lauten Zusammenstoßen mit den Köpfen der beiden Favoriten kommen. Das sind fast immer die beiden mit den schwersten Geweihen. Ich beobachtete einmal zwei Gegner, deren Geweihe sich bei dem Kampf ineinander verhakt hatten, aber sie bekamen sie innerhalb von wenigen Minuten wieder frei. Nur sehr selten sind sie dauerhaft ineinander verhakt, was fatale Folgen hat.

Die Hitze dauert etwa 24 Stunden im September oder Oktober. Beide Geschlechter werden mit einem oder eineinhalb Jahren fortpflanzungsfähig, und die meisten Kühe kalben, wenn sie zweieinhalb Jahre alt sind. Wann sich Männchen, wenn überhaupt, fortpflanzen, hängt von den Umständen, von ihrer Rangordnung und davon, ob sie am richtigen Ort zur richtigen Zeit sind, ab.

Nach einer Tragzeit von acht Monaten bringen die meisten Kühe im Mai oder Juni ein ungeflecktes Kälbchen zur Welt. Zwillinge sind ziemlich häufig. In Schweden wurde von Drillingen und in einem ganz außergewöhnlichen Fall von Vierlingen berichtet.

Im Denali Nationalpark in Alaska sahen wir eine Kuh mit Drillingen, von denen zwei nacheinander von Grizzlybären gerissen wurden. Im nächsten Jahr bekam sie wieder Drillinge, aber dieses Mal wurden alle drei von Bären gefressen, trotz der verzweifelten Bemühungen der Mutter, sie zu beschützen.

Elche sind nicht nur die größten Vertreter der Familie der Hirsche – sie sind auch diejenigen, die am meisten Beachtung verdienen.

Das Hayden-Tal des Yellowstone Flusses ist ein guter Platz, um jeden Abend im Sommer Elche beim Äsen zu beobachten.

Auf den Spuren vagabundierender Elche

Eines Morgens im Oktober 1985 erhielt Jack Whitman, ein Biologe in Glenallen in Alaska, einen Telefonanruf von dem Naturschutzbeamten Joe D'Amico. Zwei Elchbullen, die miteinander gekämpft hatten, waren mit ihren Geweihen ineinander verhakt gefunden worden. Da beide Tiere sterben müßten, wenn sie nicht bald getrennt würden, packte Whitman sein Betäubungsgewehr und eine Säge zusammen. Dann bereiteten D'Amico und er sich darauf vor, mit einem kleinen Flugzeug die Wildnis zu überfliegen, um die Elche zu lokalisieren. Nach sorgfältiger Suche waren sie nicht in der Lage, die Tiere auszumachen, und vermuteten, daß sie sich irgendwie hatten trennen können.

Das schlechte Wetter, das in dieser Gegend von Alaska zum Herbst gehört, hinderte die Männer für zwei Tage daran zu fliegen, und sie vergaßen mehr oder weniger den Elchauftrag. Sechs Tage später erhielten sie eine andere Nachricht, daß sich die Bullen immer noch in diesem Gebiet aufhielten und mit ihren Geweihen verhakt waren. Dieses Mal erhielten die Männer eine genauere Beschreibung des Standortes, und wenig später fanden sie die beiden Gegner.

Die geschwächten und verdreckten Tiere standen immer noch miteinander verbunden, obwohl sie seit über einer Woche kein Wasser, keine Nahrung und keinen Schlaf hatten. Whitman fragte sich, ob eine normale Dosis Betäubungsmittel für die geschwächten Tiere zuviel sein würde. Er entschied, es mit der halben Menge zu versuchen, und während die beiden weiterhin versuchten zu kämpfen, schoß Whitman einen Betäubungspfeil in den Rumpf des größeren Bullen. Nach wenigen Minuten sackte dieser zusammen und zog den Kopf des anderen auch mit hinunter. Als nächstes wurde der andere Elch mit einem Pfeil beschossen, der allerdings nicht zu wirken schien.

Whitman und D'Amico entschieden, trotzdem zu sägen, und nach ein paar angespannten Minuten war eines der Geweihe dicht über dem Ansatz abgetrennt (der Verlust eines Geweihes stellt keine Bedrohung für die Zukunft des Elches dar). Zum ersten Mal, seitdem sie sich verhakt hatten, konnten die Tiere ihre Köpfe heben. Und innerhalb von fünf Minuten gingen, laut dem Biologen, die Tiere umher, ästen an Weiden und beäugten sich gegenseitig feindselig.

Ungefähr zur selben Zeit auf der anderen Seite des Kontinents wurde ein junger Elchbulle in einem Sumpf in der Nähe von Salisbury Beach in Massachusetts gesehen, wo Elche normalerweise so selten wie ehrliche Politiker sind. Später wurde er beobachtet, als er durch Salisbury, über eine Schnellstraße, durch das Gelände eines Gebrauchtwagenhändlers und über die Gleise entlang des Flusses Merrimack stapfte. Egal, wohin es ihn in dieser dicht besiedelten Gegend auch verschlug, es würde Probleme geben. Aber er landete am schlimmsten Ort, wo ein 225 kg schweres Tier landen konnte: in Lowell, Massachusetts. Dort zog er sofort die Aufmerksamkeit von Polizei und Feuerwehr, Kindern, Hausfrauen und zahlreichen anderen neugierigen Einwohnern sowie von Fernsehteams auf sich. Was dann geschah – beim verzweifelten Versuch, den Feuerwehrschläuchen, Blaulichtern, Sirenen und Gewehren zu entkommen – wurde in den Abendnachrichten als „geweihtragendes Monster läuft Amok" beschrieben.

Irgendwie stolperte das Tier in einen Kanal, wo eine Gruppe von „Rettern" es fesselte und ihm die Augen verband. Dann luden sie den Elch auf einen Pickup und brachten ihn ins offene Land nach New Hampshire. Noch nicht an seinem Bestimmungsort angekommen, brach der junge Elchbulle aus dem Fahrzeug aus und flüchtete auf spektakuläre Weise. Der Elch wurde das nächste Mal gesichtet, als er versuchte, bei Nebel eine Schnellstraße in Vermont zu überqueren, und dabei von einem Auto getötet wurde. Dieser Vorfall zeigt deutlich die Unberechenbarkeit und Wanderlust einiger männlicher Elche. Aber dieser Massachusetts-Bulle, der vermutlich aus Maine stammte, hält nicht den Entfernungsrekord.

Der Herbst scheint die Reisezeit für Elchbullen zu sein. Eines Tages im Herbst 1976 begann ein anderer Bulle, der ein neues Geweih trug, vom Lake Superior nach Süden durch Minnesota zu wandern. Im Dezember hatte er den Fluß Des Moines in Nord-Iowa erreicht, wo er blieb, bis der Bast von seinem zweiten Geweih gefegt war. Anders als der Elch in Massachusetts fand dieser einige Freunde unter den Menschen, als er in Iowa war. Einigen tat es wirklich leid, als er im Herbst 1977 verschwand. Die meisten vermuteten, er sei unterwegs, um ein Weibchen zu finden. Vor Weihnachten wurde der Bulle gesehen, als er nach Nord-Minnesota kam. Während des Jahres 1978 wurde der Elch in verschiedenen Gegenden gesichtet und erschien ein- oder zweimal in den Fernsehnachrichten. Er wurde zuletzt lebend im Februar 1979 in der Nähe des Flusses Mississippi bei Louisiana in Missouri gesehen.

Etwa einen Monat später erkundete Marion Trayner einen Wald in Süd-Missouri und fand ein Paar abgeworfene Elchschaufeln, die (mit dem Schädel) eine Spannweite von 104 cm gehabt hätten. Höchstwahrscheinlich gehörte dieses Geweih zu dem Vagabunden von Minnesota, drei Jahre und etwa 2400 km von zu Hause entfernt.

Oben: Ein Prachtexemplar von einem Shiras-Bullen mit frisch gefegtem Geweih im Grand Teton Nationalpark in Wyoming. Rechts: Eine Shiras-Kuh und ihr halbwüchsiges Kalb überwintern zusammen in Jackson Hole in Wyoming. Dieser Lebensraum kann einen großen Bestand an überwinternden Elchen ernähren.

Eine Alaska-Elchkuh und ihr Kalb überqueren einen Ausläufer des Wonder Lake im Denali Nationalpark im Spätsommer. Karibus passieren diese Stelle auch während ihrer Wanderungen.

Links: Ein Alaska-Elchbulle, der seinen Bast fegt. Gegenüberliegende Seite: Der Winter ist eine kritische Zeit für Elche, um zu überleben, da die Nahrung knapp ist. Die Tiere müssen Energie und Kraft sparen, aber auch auf der Suche nach Futter umherwandern.

Gegenüberliegende Seite: Kurz nachdem die Bullen ihren Bast gefegt haben, wird die Rangordnung durch lautstarke Rangkämpfe mit den Köpfen zwischen den beiden Favoriten festgelegt. Der Gewinner besitzt gewöhnlich das größere Geweih. Rechts: Das Feuerkraut erhellt die Weiten der Kaflia Bucht im Katmai Nationalpark in Alaska, wo die Elche im Hochsommer zusammen mit den Braunbären grasen.

Rechts: Im Sommer leben die Elche in den Gebieten um die Biberseen wie diesen im Elk Island Nationlpark in Alberta. Nächste Seite: Junge Alaska-Elchbullen trainieren kurz vor der Brunft am Igloo Flat im Denali Nationalpark in Alaska.

DER ROTHIRSCH

Während der Steinzeit durchstreiften zahlreiche, bemerkenswert große Säugetiere die Wälder der Britischen Inseln und des europäischen Festlands. Heute sind die meisten von ihnen verschwunden. Zuerst starb der Riesenhirsch vor über 10 000 Jahren aus. Das Tier war, wie sein Name vermuten läßt: riesig. Er hatte eine Schulterhöhe von 1,80 Meter, wog gut über 450 kg und besaß ein Schaufelgeweih mit einer Spannweite von über 2,50 Meter. Abbildungen dieser massiven Geweihe sind im Britischen Museum in London und in anderen Museen in England zu sehen. Nach dem Aussterben dieses Hirsches verschwanden aus unerfindlichen Gründen Braunbären, Wölfe und Rentiere. Der europäische Elch überlebte auf den Britischen Inseln bis zum neunten Jahrhundert.

Heute ist der Rothirsch, *Cervus elaphus*, das einzige Tier aus der Steinzeit, das bis heute hier überlebt hat. Aber mehr als in Wäldern lebt es heute an kühlen, nebligen, baumlosen, heidekrautbewachsenen Hängen im Schottischen Hochland, was die Menschen meistens als unwirtlich empfinden. Diese Gegend bietet noch bei weitem die beste Möglichkeit für dieses majestätische Tier, um langfristig zu überleben.

Anderswo in seinem europäischen und nordasiatischen Verbreitungsgebiet lebt der prächtige Rothirsch in gesicherten Beständen. Es ist immer noch der am meisten verbreitete Hirsch, hauptsächlich, weil er sich an verschiedene Lebensräume angepaßt hat. Heute durchstreifen zwölf Unterarten des Rothirsches die bergigen, gewöhnlich abgelegenen Bereiche von Westirland ostwärts durch Europa bis nach Kleinasien, Afghanistan, Iran, Tibet und Kaschmir bis Turkestan, Sibirien und der Mongolei.

Heute ist der Rothirsch das größte Tier, das noch auf den Britischen Inseln lebt.

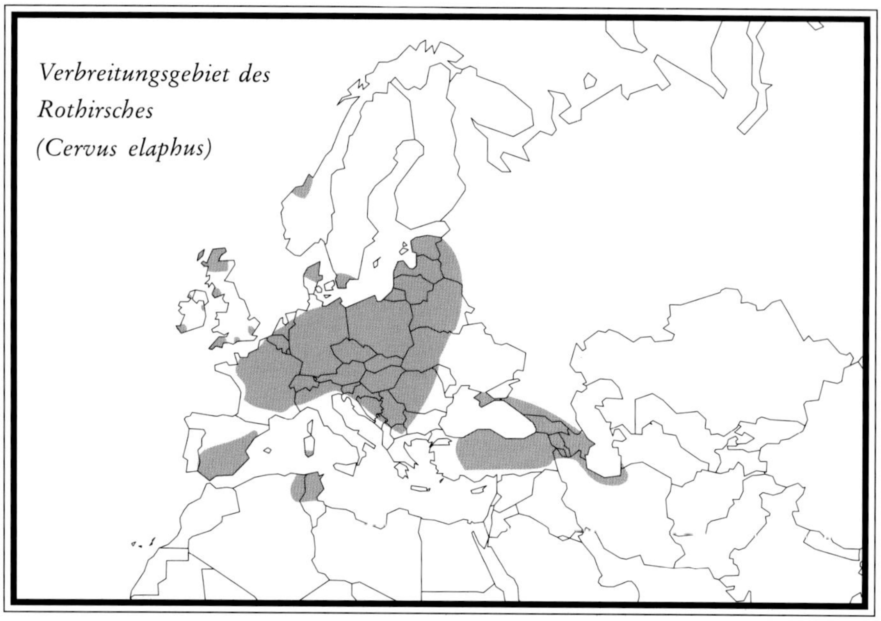
Verbreitungsgebiet des Rothirsches (Cervus elaphus)

Verbreitung

Früher wurden der europäische Rothirsch und sein nordamerikanisches Gegenstück, der Wapiti, für verschiedene Arten gehalten. Auch heute findet man in der Literatur noch gelegentlich diese Arttrennung. Tatsächlich handelt es sich aber bei diesen Tieren um ein und dieselbe Art, obwohl es geringfügige Unterschiede in Aussehen, Größe und Verhalten gibt. Bezieht man allerdings die in Asien lebenden Unterarten des Rothirsches in die Betrachtung mit ein, stellt man fest, daß es sich hierbei um regelrechte Übergangsformen handelt, die vom europäischen Rothirsch zum amerikanischen Wapiti überleiten.

Rothirsche und Wapitis kreuzen sich fruchtbar über Generationen hinweg, also unbegrenzt. Diese Tatsache ist einer der wichtigen Beweise dafür, daß es sich nicht um zwei verschiedene Arten handeln kann, da diese unfruchtbare Nachkommen hervorbringen würden. Der Wapiti ist also eine Unterart des Rothirsches und trägt den wissenschaftlichen Namen *Cervus elaphus canadensis*.

Die kleinste Rasse, die man schon als Zwergform bezeichnen kann, ist *C. e. corsicanus*. Die Tiere sind nicht größer als ein durchschnittlicher Maultierhirsch und auf Korsika und Sardinien spärlich verbreitet. Eine nordafrikanische Unterart, der Berberhirsch, *C. e. barbarus*, der in einer kleinen Küstenregion von Algerien und Tunesien vorkam, verschwindet und ist vielleicht dort schon ausgestorben. Als Folge der Revolutionen, Invasionen und Bürgerkriege im späten zwanzigsten Jahrhundert in der Türkei, in Iran und Rußland weiß keiner genau über den Bestand von *C. e. maral* Bescheid. Das Schicksal einer weiteren Rasse, *C. e. hanglu*, von Kaschmir und Ladakh ist auch wegen der schrecklichen Glaubenskriege und des Verlustes einer zentralen Autorität ungewiß.

Unabhängig von der Größe des Geweihes noch vom Geschlecht ist der amerikanische Rothirsch oder Wapiti ein herrliches, unverwüstliches Tier und ein lebendes Symbol für die wilde Natur.

Man unterscheidet insgesamt fünf sehr ähnliche Populationen, die früher als eigene Unterarten betrachtet wurden: in den Rocky Mountains von New Mexico bis Alberta; in den Duck Hills in Saskatchewan und Manitoba; sowie in den Küstenregionen von Oregon, Washington und British Columbia. Die beiden anderen Gruppen sind ausgestorben. Man glaubt, daß die eine oder andere einmal fast die ganzen USA (außer den tiefen Süden) und das südliche Kanada besiedelt haben. Alle Wapitis (dieser Name stammt von einem Wort der amerikanischen Ureinwohner ab) besiedeln einige der schönsten Berglandschaften, die es noch auf der Erde gibt.

Rothirsche tragen ihren Namen wegen ihres dichten, rötlichbraunen Sommerfells, das sich im Winter grau verfärbt.

Im Wald lebende Hirsche scheinen dunkler zu ein als solche in offenen, sonnendurchfluteten Lebensräumen. Alle besitzen gelblich-braune Flecken am Hinterteil. In einigen Gegenden sind die Hirsche am Rücken dunkler gefärbt. Die Kälber werden mit weißen Tupfen geboren, verlieren dieses Muster aber innerhalb weniger Wochen. Ich habe auch Albinos und cremefarbene Hirsche in privaten Wildparks gesehen. Sie sind wahrscheinlich ein Ergebnis von selektiver Zucht und Inzucht.

Bestand

1960 endeten zwei Jahrzehnte mit sehr strengen Wintern in England und Schottland mit einem Tiefststand der Rothirschpopulation. Bis 1990 hatte sich der Bestand nach den Angaben der Britischen Rothirsch-Kommission auf etwa 300000 wieder erhöht. Die meisten dieser Tiere leben in umzäunten Jagdgebieten in Privatbesitz und werden intensiv gehegt. Wie einige Hirscharten in den USA verdanken diese geschützten Hirsche ihre Existenz der Trophäenjagd. Hirschfarmen, die Tiere zur Fleischgewinnung aufziehen, gewinnen auch vielerorts immer mehr an Bedeutung.

Im restlichen Europa ist der Rothirsch gebietsweise weit verbreitet. Der Abschuß zur Regulierung der Bestände wird streng überwacht.

Ein Rothirschkalb versteckt sich im hohen Gras in der Berglandschaft der Südinsel von Neuseeland, wo diese Tierart vor langer Zeit eingeführt wurde.

Rothirsche weit weg von der Heimat

Einige der unberührtesten Orte, wo Rothirsche noch umherziehen, liegen von Europa aus gesehen auf der anderen Seite des Globus. Einbürgerungsverbände und Auswanderer mit Heimweh haben Rothirsche in Argentinien, Chile, Texas, Australien und Neuseeland entweder mit großem oder tragischem Erfolg, abhängig davon, wie man es betrachtet, eingeführt. Der eingebürgerte Rothirsch hat einen besonders starken Einfluß in Neuseeland gehabt. Der erste Rothirsch kam dort 1851 an, und einige andere kleine Ladungen erreichten das Land hin und wieder bis 1914. Ohne Konkurrenz von irgendwelchen anderen Pflanzenfressern und ohne natürliche Feinde vergrößerte sich der Rothirschbestand explosionsartig bis zu dem Punkt, wo ernsthafte, weit verbreitete und manchmal irreparable Schäden an der einzigartigen Flora dieses Landes angerichtet waren. In einigen Bergregionen war die Vegetation fast bis zum kahlen Boden abgefressen.

In den 70er Jahren ergriff die Regierung von Neuseeland drastische Maßnahmen, um die Schäden an der Umwelt wieder zu beheben. Eine unbegrenzte Jagd wurde gefördert. Hubschraubermannschaften fingen Tausende von Tieren lebend, um sie auf Hirschfarmen zu bringen, und schossen andere als Fleischlieferanten ab. Einmal begleitete ich eine Hubschraubermannschaft bei einem Einsatz in die rauhe Bergwelt der Südinsel, um Hirsche zu fangen. Wir verwendeten sich selbst entfaltende Luftnetze, die aus Gewehren im Sturzflug während der Jagd auf die erschreckten, flüchtenden Tiere aus niedrigen Höhen abgeschossen wurden.

Rothirsche waren nicht die einzigen Vertreter der Hirschfamilie, die in Neuseeland ausgesetzt wurden. Es waren auch Damhirsche aus Europa, Sambar-, Mähnen- und Sikahirsche aus Asien und Wapitis, Elche und Weißwedelhirsche aus Nordamerika.

Fortpflanzung

Wo immer sie auch leben, Rothirsche sind außergewöhnlich überlebensfähig. Biologen haben herausgefunden, daß in dem typischen Meeresklima des Schottischen Hochlands Gras und Heidekraut nur ungefähr 90 Tage zu normalen Zeiten und für etwa die halbe Zeit in sehr kalten Sommern Nahrung bieten. Die Brunft beginnt Mitte September und dauert etwa so lange wie beim amerikanischen Hirsch. Die Bullen machen sich heftig Konkurrenz und kämpfen, falls nötig, um die Position als Platzhirsch und das Monopol, sich mit den Weibchen zu paaren. Eine Sache ist aber völlig anders – während der Brunft machen die Bullen durch löwenähnliches Brüllen, das weit über das Hochland zu hören ist, auf sich aufmerksam. Das steht im Gegensatz zu dem schrillen Rufen der amerikanischen Hirschbullen.

Unter den Rothirschen scheint ein akustischer Wettstreit häufig besser zu sein, als sich mit einem Rivalen oder einem Herausforderer durch einen Kampf mit dem Geweih zu messen. Nur einige kräftige Männchen in bester Verfassung besitzen die nötige Energie und Masse, um alle Mitbewerber auszustechen. Nach genauen Untersuchungen in Schottland haben Biologen festgestellt, daß die Leistung beim Röhren ein Maß für die physische Stärke ist.

Die Geweihform von ausgewachsenen Bullen scheint sich auch wesentlich von denen der Wapitis in Montana, Wyoming und Alberta zu unterscheiden, die im Durchschnitt größere, breitere Geweihe besitzen. Aber das Geweih des europäischen Rothirsches neigt dazu, mehr Enden zu besitzen. Schaut man direkt von vorne, hinterlassen viele Rothirschgeweihe oft den falschen Eindruck, zahlreiche Sprossen zu besitzen, die direkt nach oben aus dem Schädel herauswachsen. Wir fotografierten einmal ein Geweih mit zwanzig Enden, zehn auf jeder Seite.

Die größten Bullen mit den schwersten Geweihen sind die der Rasse *C. e. hippelaphus* in Zentraleuropa. Große Männchen mit einem Gewicht von 270 kg fand man in Polen, Bulgarien, dem ehemaligen Jugoslawien, Rumänien und Ungarn. Das ist fast doppelt so viel wie die größten schottischen Hirschbullen wiegen.

Nur wenige Hindernisse außer hohe Zäune können Rothirschbullen von paarungsbereiten Weibchen fernhalten. Entlang der schottischen Küste trennt eine gefährliche Strömung zwei vorgelagerte Inseln, Jura und Islay. Trotzdem schwimmen im Herbst zahlreiche Hirsche zwischen den Inseln hin und her, um zu den Weibchen zu gelangen. Die meisten schaffen diese Strecke jedes Jahr unbeschadet – in einer Richtung. Aber viele, die geschwächt sind, ertrinken auf dem Rückweg. In einem Jagdgebiet in Texas gab es beispielsweise einen elf Jahre alten Bullen (ein Sechzehnender), der nachweislich 47 Weibchen begattet hatte.

Rothirschkühe rasten unter einem Baum.

Europäischer (Schottischer) Rothirschbulle.

Während der anstrengenden Brunft, die mehr als einen Monat dauern kann, verlieren die Platzhirsche ein Fünftel ihres Körpergewichtes und ebenso viel Energie. Sie fressen auf der Suche nach Romantik fast nichts. Ein kurz zuvor noch majestätisches, aggressives Tier kann zu Beginn des Winters ungepflegt, abgemagert und sogar wackelig auf den Beinen sein. Glücklicherweise gibt es keine Raubtiere, mit denen sie fertig werden müssen, aber bis zum Frühjahr müssen diese Hirsche vorwiegend von Moosen und Flechten leben. Besitzer von Wildgehegen und Jagdpächter helfen den sehr großen und wertvollen Zuchttieren mit Heu, Kartoffeln und Lecksteinen. Wenn sie in der Nähe vom Meer leben, ernähren sich manche Rothirsche von Seetang.

Matriarchat

In Rothirschherden herrscht das Matriarchat. Die Weibchengruppen umfassen zwischen etwa 20 bis zu 100 Tieren; je offener die Landschaft ist, um so größer sind die Gruppen. Sie verbringen die meiste Zeit des Jahres damit, durch ihr Revier zu streifen, oder versuchen, den Vorteil von guten Nahrungsangeboten und günstigen Wind- und Wetterverhältnissen zu nutzen. Die Kühe verlassen die Herde für kurze Zeit im Juni, um ihre Kälber fast am selben Ort zur Welt zu bringen, an dem sie selber geboren wurden. Mehr männliche als weibliche Tiere werden geboren, aber das Verhältnis kehrt sich bald um, weil Männchen kaltes Wetter und Krankheit nicht so gut vertragen wie Weibchen. In Schottland sind einige Bullen 13 oder 14 Jahre alt geworden. Die gesundesten Weibchen können etwas länger leben.

Männchen sind nicht annähernd so gesellig wie Weibchen, obwohl manche den Sommer zusammen in einer Art Waffenstillstand verbringen und weit durch ihr Revier streifen. Nach Aussagen alter Wildhüter sondern sich die Bullen gemäß Alter oder Geweihgröße ab. Die jungen bleiben in ihren eigenen lockeren Gruppen, wobei die größeren Tiere gewöhnlich in kleinen Junggesellenherden ständig umherziehen. Die ältesten, die allmählich gebrechlich werden, leben allein.

Im August, wenn Insektenschwärme sehr lästig werden können, treffen Männchen und Weibchen gelegentlich kurz auf den windigsten, höchsten Graten zusammen, um den Plagegeistern zu entkommen. Dann kann man bis zu 800 Tiere, junge und alte beiderlei Geschlechts, zusammen beobachten.

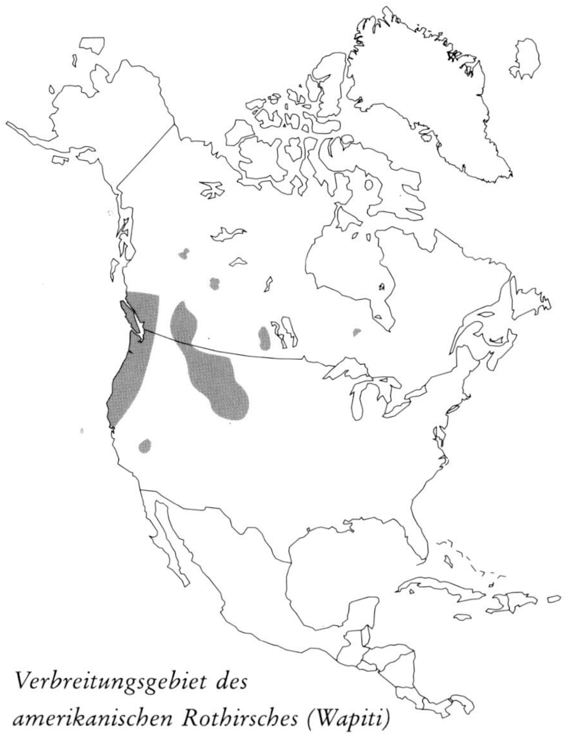

Verbreitungsgebiet des amerikanischen Rothirsches (Wapiti) (Cervus elaphus canadensis)

DER WAPITI

Farben des Frühlings

Jeden Mai entsteht neues Leben in den Bergen des westlichen Nordamerika. Wildblumen blühen und wiegen sich im ersten warmen Wind des Jahres. Die ersten Blätter erscheinen an den Weiden in tieferen Lagen. Bald zeigen sich die Pappeln und Espen auch in leuchtendem, frischem Grün. Morgens ist es noch kalt und manchmal eisig, aber der Winter ist vorbei. Die Hirschkuh, die sich achteinhalb Monate vorher im September oder Oktober gepaart hat, sondert sich von ihrer Herde ab und bringt in der Abgeschiedenheit ein Kälbchen zur Welt. Bei zwei oder drei Gelegenheiten konnten wir Zwillinge beobachten.

Die gefleckten, rötlichbraunen Jungen wiegen bei der Geburt etwa 15 kg, und eine Zeitlang ist ihr Fell im hohen Gras der Waldlichtungen gut getarnt. Noch sind sie sehr verwundbar und verbringen in den ersten Wochen die meiste Zeit im Gras liegend. Die Muttertiere fressen in einiger Entfernung und kehren alle paar Stunden zurück, um die Jungen zu säugen. Schließlich folgen die rastlosen Kälber ihren Müttern, die sich wieder an lockere Herden in den hochgelegenen Sommergebieten anschließen.

Eines Morgens während einer Forellen-Angeltour in der Wildnis des Yellowstoneparks saßen der Ausrüster Gene Wade und ich auf einem Hügel und genossen die Frühsommersonne. An einem Hang genau gegenüber ästen sieben Hirschkühe von der neuen, nährstoffreichen Vegetation. Ihre Kälber rannten umher, spielten und stießen sich mit den Köpfen. Plötzlich bellte eine Kuh, und sofort hielten alle im Spiel inne. Die nun bewegungslosen Kälber verschmolzen optisch mit ihrer Umgebung.

Einen Moment später erkannten wir den Grund für diesen Alarm: ein Grizzlybär mit einem Jungen trottete zwischen uns und den Hirschen auf einem Wildpfad entlang. Meister Petz schien weder die Hirsche noch uns zu sehen, wurde aber plötzlich beides gewahr. Am nächsten Tag waren wir etwa 3 km weit entfernt zu Pferde unterwegs, als Gene abstieg und sein Fernglas auf einen mehrere hundert Meter weit entfernten, dunklen Fleck richtete. Durch das Fernglas entpuppte sich der Fleck als zwei Grizzlybären, wahrscheinlich dieselbe Mutter mit ihrem Jungen, welche ein Hirschkalb fraßen. Eine Hirschkuh beobachtete sie von einem Hügel in der Nähe.

Bären, Berglöwen, Kojoten und Wölfe fressen heute wie vor Jahrtausenden Hirschkälber. Aber wissenschaftliche Untersuchungen haben gezeigt, daß diese Verluste den Hirschbestand nicht gefährden. Vielmehr ist die Qualität des Lebensraumes der bestimmende oder limitierende Faktor.

Ernährung

Rothirsche weiden Gras ab und äsen auch von Bäumen und Sträuchern. Auf ihrem Speiseplan steht eine große Vielfalt an Pflanzen. Wie alle anderen Hirsche sind sie Wiederkäuer. Das Pflanzenmaterial, das sie fressen, wird in einem aus vier Kammern bestehenden Magen verdaut. Die unzerkauten Pflanzenteile gelangen zunächst in den ersten Magen, den sogenannten Pansen, wo sie gelagert werden. Nach der Nahrungsaufnahme, wenn die Tiere stehend oder (häufiger) liegend ruhen, wird die Nahrung aus dem Pansen wieder hochgewürgt, zerkaut und erneut verschluckt. Die Verdauung erfolgt dann in den anderen Magenabschnitten.

Rothirsche müssen große Nahrungsmengen aufnehmen, um die nötige Energie daraus zu gewinnen. Kühe benötigen große Mengen sowohl für die Milchproduktion zur Ernährung der heranwachsenden Jungen als auch für ihre eigene Ernährung. Bullen brauchen eine Menge Grünfutter, um Geweihe bilden zu können.

Das Wiederkäuen gewährleistet mehr Sicherheit bei der Nahrungsaufnahme: die Tiere verbringen weniger Zeit mit Fressen in der offenen Landschaft. Später im Winter können sie Energie sparen, indem sie nur für kurze Zeit im kalten Wind stehend fressen, dann käuen sie wieder, wobei sie sich an einen geschützten Ort legen.

Dieses neugeborene, weniger als eine Stunde alte Hirschkalb ist noch naß und unsicher auf den Beinen. Die Hirschkuh ist erschöpft von der Geburt. Mutter und Kalb bleiben während des ersten Sommers des Kälbchens eng zusammen. Das Junge wird drei bis vier Monate lang gesäugt.

Das Kauen erfolgt durch die im Ober- und Unterkiefer befindlichen Mahlzähne und durch Schneidezähne vorne im Unterkiefer sehr effizient. Alle Rothirsche besitzen auch Eckzähne an beiden Seiten des Oberkiefers. Während die Eckzähne von Fleischfressern zugespitzt sind, sind die von Rothirschen abgerundet, sehr hart und als „Grandeln" bekannt. Tatsächlich war die Nachfrage nach diesen Zähnen zur Herstellung von Taschenuhren und Schmuck vor fünfzig Jahren so groß, daß Tausende von Tieren abgeschlachtet wurden, nur um deren Eckzähne zu erhalten. Die Ureinwohner Amerikas in den entsprechenden Gegenden hielten die Zähne auch für sehr wertvoll. Im Whitney Museum von Cody in Wyoming ist ein Kleid aus Hirschleder ausgestellt, daß völlig mit Hirschzähnen bedeckt ist.

Sozialverhalten

Bullen verbringen im Westen den Sommer alleine oder in kleinen Junggesellengruppen. Wenn es ausreichend geregnet hat und das Sommergebiet nicht von Nutzvieh zu sehr abgeweidet wurde, kann ein gesunder Hirschbulle in den Rocky Mountains von 225 kg bis zu fast einer halben Tonne (450 kg) wiegen und eine Schulterhöhe von 1,20 bis 1,50 m erreichen. Ausgewachsene Kühe sind etwas kleiner und wiegen etwa zwischen 180 kg und 270 kg.

Herdenbildung kommt bei den *Cervidae* häufig vor, und Rothirsche sind mit Bestimmtheit Herdentiere. Die größere Sicherheit ist meistens der Grund für die Herdenbildung, da viele Augen und Ohren auf der Hut vor Raubtieren sind. Aber bei den Rothirschen sind einige Biologen nicht von dieser Theo-

Der amerikanische Rothirsch, auch Wapiti genannt, besiedelt verschiedene Gebiete im Nordwesten der USA und in Kanada.

Dieses Hirschkalb ist weniger als zwei Wochen alt, aber schon ständig auf den Beinen und recht munter. Es ist aber noch durch Wölfe, Bären und Pumas gefährdet, wenn es nicht von der Mutter beschützt wird.

Plutes Geweih

Es war kurz vor der Jahrhundertwende, als eines Morgens John Plute in einer zerklüfteten Gegend, bekannt als Dark Canyon, westlich von Crested Butte in Colorado auf die Jagd ging. Der Winter kam, und er brauchte Fleisch. Wie die meisten der Minenarbeiter in dieser Gegend mußte er jagen, um existieren zu können. Niemand weiß, wie lange oder wie mühsam die Jagd gewesen war, aber nach einer gewissen Zeit erlegte Plute den letzten der vielen Wapitis, die er mit den Jahren geschossen hatte.

Aber dieser Hirsch war anders. Er hatte ein solch enormes Geweih, daß Plute beschloß, es mitzunehmen. Es war wahrscheinlich das einzige Mal, daß er mehr mitnahm, als er essen konnte. Was direkt danach mit dem Geweih passierte, ist nicht ganz klar. Einige Jahre später wurde Plute von einem Pferd abgeworfen und zu Tode getrampelt. Viele Jahre lang mag das Geweih in einem alten Schuppen gelegen haben oder hing im Saloon von John Rozich. Plute hat es vermutlich Rozich gegeben, um damit seine Zeche zu bezahlen. Einige alte Leute erinnnern sich, daß das Geweih seit dem Ersten Weltkrieg über der Bar hing und niemand großartig Notiz davon nahm. Später hing das Geweih, noch immer unpräpariert und nur vom Schädel gehalten, in der Elk Lodge, die nun aber John und Ed Rozman gehörte, welche die Rozich-Bar geerbt hatten.

1953 dachte ein Freund, der das Rekordbuch von Boone and Crockett gesehen hatte, das Geweih könnte etwas Besonderes sein. Aber zehn Jahre gingen ins Land, bevor das Geweih von John Plute offiziell vermessen und schließlich als das größte der Welt anerkannt wurde, was es heute immer noch ist. Aber dann schien das Geweih wieder bis 1979 verschwunden gewesen zu sein, als Jim Zumbo, ein bekannter Reporter der Zeitschrift „Outdoor Life", es nicht in einem Museum oder einer Geweihsammlung fand, sondern in einem Eisenwarenladen in Crested Butte, der so alt oder älter als das Hirschgeweih war. Seit Zumbo über diese Entdeckung berichtet hatte, kamen nun weit mehr „Kunden" in den Laden, um die großartige Trophäe zu bewundern, statt Nägel, Schrauben und Sägeblätter zu kaufen. Einer von ihnen bot 50 000 Dollar in bar für den Schädel. Kein Wunder. Das Geweih besitzt acht Enden an einer und sieben an der anderen Seite. Beide Hauptstangen sind fast 1,50 m lang. Aber am erstaunlichsten ist die ungeheure Knochenmasse. Es muß ein ungewöhnlich prächtiger und kräftiger Bulle gewesen sein, damit er dieses Geweih überhaupt hatte aufrecht tragen können.

rie überzeugt, obwohl alle Tiere jedes Jahr, wenn der Sommer allmählich in den Herbst übergeht, aus den höher gelegenen Gebieten gruppenweise in die tieferen Wintergebiete wandern.

Man streitet sich darüber, ob Tradition, Wetter (insbesondere Schneefall), Nahrungsangebot oder eine Kombination dieser Faktoren Ursache für die Wanderung ist. Besonders in Regionen, wo wie in Nationalparks nur wenig oder kein Jagddruck herrscht, treffen Anfang bis Mitte September die Herden aus Kühen und Kälbern und aus den im Sommer fett gewordenen Bullen an denselben Plätzen zusammen – denselben Brunftplätzen, wie der Biologie sie nennt – jeden Herbst praktisch zur selben Zeit. Was folgt, ist die aufregendste Periode im Lebenszyklus eines Rothirsches, sowohl für die Tiere selbst als auch für den Menschen, der beobachtet, fotografiert und das faszinierende Schauspiel studiert.

Fortpflanzung

In jedem September planen wir ein, den Yellowstonepark in Wyoming oder den Jasper Nationalpark in Alberta oder beide zu besuchen. Die Brunft jedes Jahr zu fotografieren ist nicht, wie man vielleicht annehmen könnte, langweilig oder immer dasselbe. Ich erinnere mich besonders an ein Jahr, als die Brunft besonders intensiv zu sein schien. Am 10. September 1975 schlugen Peggy und ich unser Zelt auf dem Norris Campingplatz im Yellowstone Nationalpark auf. Von unserem Platz auf einem Felsvorsprung aus sahen wir über den Fluß Gibbon auf eine riesige Wiese, wo sich schon etwa 30 Wapitis versammelt hatten. Ein nicht besonders großer Bulle mit einem Geweih von durchschnittlicher Größe schien das Kommando über die Herde übernommen zu haben. Er hatte etwa 20 Weibchen zu einem Harem zusammengetrieben.

Das letzte Geräusch, das wir an diesem Abend hörten, nachdem wir in unsere Schlafsäcke gekrochen waren und bevor wir schließlich einschliefen, war das Röhren des Haremsbullen. Gelegentlich war er lange genug ruhig, so daß man hören konnte, wie er mit seinem Geweih gegen die jungen Bäume schlug.

Sehr früh am Morgen, kurz bevor der Tag über der vor Frost silbrigen Landschaft hereinbrach, ging das Röhren weiter. Jetzt war das Geräusch aber ganz anders. Als es hell genug war, öffnete ich den Reißverschluß vom Zelt, um hinauszuschauen, und er-

kannte den Grund. Während der Nacht hatte ein Wechsel in der Rangordnung stattgefunden. Nicht weit weg stand ein viel größerer Bulle mit dampfendem Körper und weißem Atem, der auf sich selbst urinierte. Als ich ihn noch in meinem Schlafsack liegend beobachtete, röhrte er, stürzte sich in den Fluß und überquerte ihn, als ob er nach seinen Weibchen schauen wollte. Der ursprüngliche Haremsbulle wurde vermißt.

Während wir unseren Kaffee auf einem kleinen Campingkocher aufbrühten und ein Müsli herunterschlangen, machte Peggy eine weitere, interessante Beobachtung. Der erste Bulle hatte noch nicht völlig aufgegeben. Statt dessen stand er in der Deckung einiger Kiefern am Rande der Wiese und beobachtete das Schauspiel.

Bei Sonnenaufgang hatte sich eine Gruppe weiterer Tierfotografen entlang des Flusses dazu gesellt. Noch vor dem Morgen hatten alle die Gelegenheit, eine Begegnung, die man als klassisch bezeichnen könnte, auf den Film zu bannen. Der kleinere Bulle entschied sich für einen letzten Versuch und kam herangestürmt. Der andere erwartete ihn mit erhobenem Kopf. Was folgte, dauerte weniger als eine Minute, aber eine Menge Gras wurde aufgerissen, als sich die beiden aufeinander stürzten. Ich erinnere mich am meisten an das Aufeinanderprallen und Klappern der Geweihe. Dann rannte der kleinere Bulle plötzlich weg; der größere folgte ihm dicht auf den Fersen über eine kurze Strecke, bis er sicher war, daß der andere keinen zweiten Versuch unternehmen würde. Die vielleicht interessanteste Sache war aber diese: nur wenige, wenn überhaupt eine, der Kühe, die in der Nähe grasten, beachteten den Kampf.

Wie es meistens der Fall bei Herdentieren ist, übernimmt der Haremsbulle fast das gesamte Paarungsgeschäft, wenn er seine Position behauptet hat. Häufig gibt es Verletzte. Die Geweihe brechen manchmal ab, und ich habe einige durch die spitzen Enden verursachte Verletzungen gesehen. Selten (noch seltener als bei kleineren Hirschen) verhaken sich die Geweihe, was zu zwei Verlierern statt einem führt. Gegen Ende der Brunft sind alle Kühe paarungsbereit und gedeckt worden. Mitte Oktober endet die Brunftzeit auf den Wiesen, ungefähr zur selben Zeit, wenn der erste große Schnee fällt.

Noch ein paar Worte zu möglichen Gefahren: Während der Brunftzeit Ende 1993 verhielten sich einige Bullen gegenüber Menschen im Yellowstone und Jasper Nationalpark aggressiv. Einige vorbeifahrende Autos wurden von vorstoßenden Geweihen durchlöchert. Dies sind vielleicht einzelne oder anomale Vorfälle, verursacht durch übereifrige Beobachter, die den aufgebrachten Tieren zu nahe gekommen sind. Am besten ist es jedoch immer, viel Abstand zu

Ein einsamer Bulle auf einer Herbstwiese in der Nähe des Maligne Lake im Jasper Nationalpark in Alberta.

Von allen amerikanischen Fleischfressern gehört der Kojote zu den am meisten von Menschen verfolgten Arten. Trotzdem ist er heute fast in ganz Nordamerika verbreitet. Auf dem Foto sieht man einen Kojoten an einem Hirschkadaver.

Kojoten: gelegentliche Freßfeinde

Wenn irgendein Raubtier in Nordamerika stärker und noch grundloser verfolgt wurde als der Wolf, so ist es der Kojote. Wir haben Gewehre, Flugzeuge, das tödlichste Gift, ausgefeilte Elektronik und sogar synthetische Verhütungsmittel angewandt, um in den letzten fünfzig Jahren Kojoten zu töten. Aber obwohl die Anzahl der erlegten Tiere sehr hoch war, haben wir den Kampf verloren. Wir haben heute einen häufigen Beutegreifer mehr und mit einer viel größeren Verbreitung auf dem Kontinent als jemals zuvor. Einst ein Bewohner der westlichen USA, lebt der Kojote heute in jedem Staat und jeder kanadischen Provinz.

Äußerlich könnte der Kojote, Canis latrans, als kleiner Wolf beschrieben werden. Erwachsene Tiere wiegen 11–18 kg und erreichen eine Schulterhöhe von 60 cm. Ihre Färbung variiert von hellbeige bei nördlichen Exemplaren bis zu rötlichbraun entlang der Golfküste von Texas.

Kojoten erlegen kleine Tiere und reißen ein Hirsch- oder Gabelbockkälbchen, wenn sich eine Gelegenheit bietet. Weil fast alle Kälber während eines kurzen Zeitraums im Frühjahr geboren werden, überfordert diese Anzahl aber sogar den eifrigste Kojoten. Sehr bald sind die Kälber, die in ihrem ersten Versteck nur schwer zu finden sind, in der Lage, den Jägern zu entkommen. Außerdem müssen sich die Kojoten auch hin und wieder mit den Kühen auseinandersetzen, die ihre Jungen verteidigen.

Bestimmte Studien aus Südtexas und dem Südwesten sind erwähnenswert. Die Anzahl von Weißwedelhirschkälbern, die von Kojoten gerissen wurden, war in landwirtschaftlichen Flächen, wo Vieh weidete, viel größer als in unterholzreichen Gebieten, wo nur Hirsche lebten. Eine andere Untersuchung ergab, daß der Verlust durch Wildschweine größer war als durch Kojoten. Tatsächlich wird häufig Kojoten die Schuld gegeben, wenn Wildschweine die wahren Übeltäter sind.

jedem Bullen, egal von welcher Art, besonders während der Brunftzeit zu halten.

Winter

Nach der Brunft beginnen die Hirschherden, in ihre natürlichen Wintergebiete oder zu Futterplätzen zu wandern, die der Mensch mit Heu oder Pellets versorgt. Der Kampf, einen weiteren Winter zu überleben, beginnt. Einige werden ihn verlieren.

Nicht alle Hirsche wandern über weite Entfernungen, und einige ziehen gar nicht. Der Roosevelt-Hirsch an der Pazifikküste verlegt seine Reviere nur ein wenig, verglichen mit den meisten Hirschen in den Rocky Mountains. Die Hirsche im wärmeren Kalifornien wandern noch weniger. Sogar einige Tiere in den Rocky Mountains leben das ganze Jahr über in der Nähe von Thermalquellen im Yellowstone Nationalpark.

In der Hauptsache ist der Winter jedoch eine Tortur. Die Futteraufnahme sinkt, und die Hirsche bewegen sich nur soviel wie nötig. Energie- und Fettreserven, die sie im Sommer und Herbst angelegt haben, werden aufgezehrt, wobei einige Hirsche bis zum Frühjahr 15 Prozent ihres Körpergewichtes einbüßen. Viel Schnee und Minustemperaturen fordern ihren Tribut. Raubtiere und Parasiten (und der dadurch verursachte Haarausfall) tragen zu den Verlusten bei.

Anders als viele seiner Verwandten weltweit wirft der Wapitibulle sein Geweih nicht kurz nach

Schwarzbären leben fast überall dort, wo auch Hirsche leben, und spielen als Freßfeinde nur eine geringe Rolle. Dieser Bär versucht noch etwas von einem vertrockneten Hirschschädel abzunagen.

Bären und Hirsche

An vielen der unvergeßlichen Tage in der Wildnis, als wir die Fotos für dieses Buch schossen, hörten wir auch das Heulen der Wölfe oder den schwermütigen Gesang der Kojoten. Ebenso waren es aufregende Zeiten, wenn wir Bären sahen, meistens zu weit entfernt, aber manchmal nahe genug für Kamera und Teleobjektiv. Entweder Schwarz- oder Braun(Grizzly-)bären, manchmal beide, lebten einst dort, wo es Hirsche gab. Wie die Wildkatzen und Wildhunde haben die Bären in Europa und Nordamerika immer Hirschkälber gerissen, wenn sie welche entdeckt haben. Für eine kurze Zeit, wenn die Kälbchen geboren werden, jagen im Yellowstonepark einige Grizzlys aktiv und gezielt frisch geborene Hirschkälber. Aber die Tatsache, daß die Wapitiherden im Yellowstonepark das Land überbevölkern und in einigen Gegenden verwüsten (dank der Abwesenheit von Wölfen, die einst dort herumstreunten), ist der Beweis dafür, daß die Bären nicht annähernd genug Kälber reißen.

Die meisten der hier beschriebenen Raubtiere spielen eine andere, sehr wichtige Rolle im Lebensraum der Hirsche, nämlich die Rolle des Aasfressers. Wann immer ein Hirsch stirbt, egal aus welchem Grund, entdeckt bald ein Bär, ein Kojote oder ein Vielfraß den Kadaver. Er findet das Tier durch den Geruch oder folgt den Schwärmen von Raben, Adlern und Elstern bis zu der Stelle. Wenn ein Bär auf einen toten Hirsch trifft, verharrt er dort und bewacht seinen Fund, bis nur noch das Skelett und das Geweih übrig sind und kleineren Raubtieren überlassen werden.

Für mich wäre der Lebensraum der Hirsche nicht derselbe ohne die Raubtiere, die ihn sich mit den Hirschen teilen.

der Brunft ab. Fast jeder behält es bis zum März, sogar bis nach der Tagundnachtgleiche, wenn der Frühling offiziell beginnt.

Aber die Hirschherden haben sich nie durch die Härte des Winters unterkriegen lassen. Außer den Weißwedelhirschen ergeht es den Wapitis weit besser als anderen Hirscharten. Nach der „Foundation for North American Big Game" (Adresse siehe unter „Organisationen"), sank die nordamerikanische Population auf etwa 41000 Tiere im Jahr 1907. Ihr Überleben wurde bezweifelt. Dank der Sorge der Bürger und der eingeschränkten Jagd, aber hauptsächlich dank des wesentlich besseren Landmanagements lag der Bestand 1993 bei etwa 740000. Die westliche Wildnis würde leer ohne die Wapitis sein.

Nächste Seiten: Wapitis während der Brunft. Bullen können einen Harem von bis zu zwanzig Kühen um sich scharen. Nächste Seite kleines Bild links: In warmen, sonnigen Sommern äsen die Wapitis in Harmonie dicht beieinander oder ruhen sich in der Mittagszeit am Rand einer Blumenwiese aus. Übernächste Seite kleines Bild rechts: Das Kämpfen mit den Geweihen ist ein in jedem Herbst wiederkehrender Brauch, besonders bei jüngeren Hirschbullen. Solches Gerangel legt die Rangordnung fest und ist eine gute Übung für die Zukunft.

Links: Bullen bereiten sich auf die Brunft vor und bauen Aggressionen ab, indem sie gegen Bäume, Sträucher und sich gegenseitig mit ihren Geweihen schlagen. Eine Menge Laub und Gras wird dabei abgerissen. Oben: Einer der beeindruckendsten, durchdringendsten Töne in der amerikanischen Wildnis ist das schrille Rufen der Wapitis im Herbst. Das Rufen kann eine Herausforderung für andere Bullen sein, kündigt aber wahrscheinlich eher den Weibchen die Paarungsbereitschaft an oder markiert das Revier (für einen Harem). Auf jeden Fall ist es eine weite Reise wert, dieses Schauspiel zu sehen und zu hören.

Rocky Mountain Elk Foundation

Anders als einige andere bedeutende Tierarten hat der amerikanische Wapiti von der Bildung und dem wachsenden Einfluß einer nationalen Schutzorganisation profitiert, der „Rocky Mountain Elk Foundation“ (= Rocky Mountain Wapiti Stiftung, Adresse siehe unter „Organisationen“). Mit jagenden und nichtjagenden Mitgliedern in den gesamten USA und in Kanada ist die Hauptaufgabe dieser gemeinnützigen Gesellschaft, Gelder zum direkten Schutz der Wapitis und ihrer Lebensräume zu beschaffen, sowohl wissenschaftliche Untersuchungen durchzuführen als auch Land, das als Wintergebiet benötigt wird, zu kaufen. Anderen Wildtieren kommt das ebenso zugute. Man sollte die Bedeutung dieser Stiftung für das Wohlergehen einer Tierart, die so verehrt wird, nicht unterschätzen.

Oben links: Ein Wapitibulle bewacht eine Kuh, die wahrscheinlich paarungsbereit geworden ist, während ein Rivale erscheint. Der Konkurrent wurde bald davongejagt. Oben: Junge Bullen brechen manchmal ihre Geweihe bei den ritualisierten Kämpfen ab. Sie wachsen im nächsten Herbst neu. Gegenüberliegende Seite oben: Ein seltenes Foto von einer merkwürdigen Verhaltensweise bei Hirschen. Vermutlich ist dieses Weibchen zu spät paarungsbereit geworden und versucht, das einem abgekämpften Bullen zu verdeutlichen. Das Verhalten kann aber auch eine andere, unbekannte Bedeutung haben. Gegenüberliegende Seite unten: Die Brunft der Wapitis findet jeden September im Yellowstonepark gewöhnlich in der Nähe von Wasser statt, hier an dem Fluß Gibbon zwischen offenen Wiesen. Die Bullen versammeln und verteidigen hier ihren Harem. Entweder um sich abzukühlen oder den aufdringlichen Männchen zu entgehen, stehen die Weibchen lange Zeit im Wasser. Die Bullen rufen am frühen Morgen oder späten Nachmittag. Alles zusammen ist es ein aufregendes Schauspiel.

Oben: Winter im Yellowstone Nationalpark. Einige Wapitis verbringen die kalte Jahreszeit in der Nähe des Flusses Firehole (Foto) und des Geysirs Old Faithful. Heißes Wasser liefert Wärme und schmilzt den Schnee, um Vegetation für die hungrigen Tiere freizugeben. Rechts: Es ist November, und diese Wapitiherde zieht durch das Jackson Hole/Snake River-Tal. Diese Gegend ist für die Wapitis bekannt, von denen einige hier das ganze Jahr über leben. Andere wandern eine kurze Strecke südwärts, um den Winter im „National Elk Refuge" bei Jackson Hole in Wyoming zu verbringen. Diese Herde zieht in das Schutzgebiet.

DAS RENTIER

Im Sommer 1989 flogen Peggy und ich von Yellowknife im Zentrum des kanadischen Nordwest-Territoriums nordwärts zum Bathurst Inlet, wo der Burnside im Melville Sund in den arktischen Ozean mündet. Unser Ziel war es, die Moschusochsen, die den Sommer in diesem Gebiet verbringen, und die Zugvögel, die in großer Anzahl in der Tundra brüten, zu fotografieren. Aber wir wurden gleich am Anfang davon abgelenkt. Während wir den Meeresarm in einem Lastkanu mit Allen Kapolak, einem Inuit-Führer, erkundeten, wurden wir plötzlich von einer Herde Karibus, wie die nordamerikanischen Rentiere auch genannt werden, umringt, die vom Strand zur Quadjuk oder Backbone Insel schwammen. Unser Hauptanliegen wurde sofort beiseite geschoben, und wir richteten unsere Aufmerksamkeit auf die Karibus. Wir verbrachten die nächsten paar Tage damit, den Tieren mit Kameras entweder per Kanu oder zu Fuß zu folgen.

Wir hatten einer Gruppe der Karibu-Herde von Bathurst während einer der beiden langen Wanderungen, die sie jedes Jahr unternehmen, den Weg abgeschnitten. Zusammen gibt es vierzehn verschiedene Karibu-Herden, die in der wilden Tundra von Kanada und Alaska leben. Jede Herde ist ziemlich stark auf ihr eigenes Territorium beschränkt. Einige dieser Reviere sind größer als der Staat Ohio, aber es leben nur sehr wenig Menschen dort. Es ist eine unwirtliche Landschaft.

Ein Karibubulle im Denali Nationalpark in Alaska.

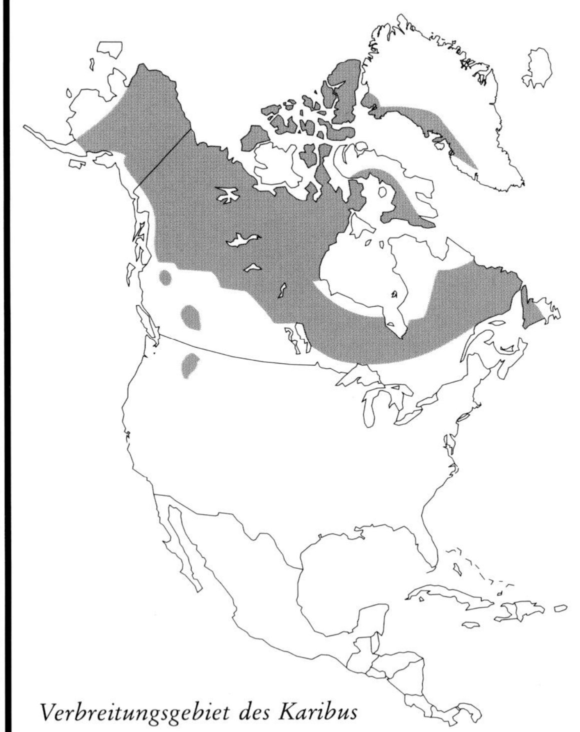

Verbreitungsgebiet des Karibus (Rangifer tarandus)

Zu den Geburtsstätten

Niemand kann genau sagen, was diese Karibus, denen wir zu Beginn der jährlichen Rückwanderung folgten, die etwa acht Monate dauern würde, leitete. Den ganzen Winter über leideten sie unter großer Kälte, dem dürftigen Nahrungsangebot und herumschleichenden Wölfen in ihren Wintergebieten weit entfernt von der arktischen Küste an den Oberläufen von den Flüssen Coppermine, Burnside und Yellowknife. Die Inuit nennen dieses Gebiet das „Land der kleinen Stöcke" (was wir als Taiga bezeichnen) wegen der kurzen, spärlichen Schwarzfichten, die hier wachsen.

Aber an einem Tag im März oder April begannen ein altes Weibchen oder wahrscheinlich mehrere weibliche Tiere langsam nordostwärts auf alten, vertrauten Pfaden zum Bathurst Inlet im Norden und noch weiter zu wandern. Diese Route vereinte die Pfade von mehreren Gruppen, bis sie schließlich die gesamte Bathurst-Herde zu ihren alten, angestammten Geburtsstätten leitete. Dort wurden die Kälber, die im vorigen Herbst empfangen wurden, geboren. Als die neue Generation für die Reise kräftig genug war, begann die Herde den langen Rückweg auf derselben Route. Wir trafen sie, als sie südwestwärts zogen und das Bathurst Inlet durchquerten.

Nichts bringt die Karibus von ihrem Weg ab. Noch nicht einmal das kleinste Kalb zögert, der Mutter zu folgen und sich ins kalte Wasser zu stürzen, das noch wenige Wochen zuvor festes Eis war. Auf der Insel Quadjuk folgen alle dem Leittier über einen steilen und felsigen Grat, an dem wir kaum Halt finden würden. Es war ein Ort, an dem man eher erwartete, Bergschafe oder -ziegen zu finden als Hirsche. Als sie die andere Seite der Insel erreichten, mußten die Karibus erneut das Wasser des Bathurst Inlet durchschwimmen, dieses Mal einige Meilen mehr, bis sie festen, trockenen Boden erreichten.

Wir warteten mit den Kameras auf Stativen in der Nähe der Stelle, wo sie an Land kamen, und ich konnte kaum glauben, wie wenig Notiz sie von uns nahmen. Für einige der Kälbchen war es sehr schwer, über die rutschigen Felsen an Land zu klettern. Dann folgte eine Zeit, in der sich die Tiere zerstreuten und aufteilten, als die Kühe ihre Kälber suchten, die während des Schwimmens von ihnen getrennt worden waren. Wir konnten noch um Mitternacht die Tiere sehen, wie sie in Richtung der Polarsonne liefen, die nur für kurze Zeit hinter dem Horizont verschwand. Tatsächlich beobachteten wir die Tiere in dem orangefarbenen Glühen, bis der kühle Nachtwind erstarb und uns Schwärme von Mücken überfielen. Unsere einzige Zuflucht war das Kanu, mit dem wir etwas vom Land weg paddelten. Es erschien mir, als ob die Karibus überhaupt keine Zufluchtsmöglichkeit hatten.

Die zähesten Hirsche von Nordamerika

Außer mitten im Winter ist das Leben der Karibus ständig in Bewegung, aber die Wanderung vom Wintergebiet zu den Geburtsstätten ist bei weitem die wichtigste und schwierigste. Hunderte von Meilen müssen zurückgelegt werden. Während dieser Wanderung müssen die Tiere, geschwächt von dem Nahrungsmangel im Winter, tiefe Strömungen durchqueren und Flüsse mit Eisschollen durchschwimmen, die ganze Zeit auf der Hut vor Wölfen. An einigen Tagen hört der eisige Wind nicht auf zu pfeifen. Das ist aber immer noch besser, als wenn die Temperatur plötzlich weit unter –20 °C fällt, wie es gelegentlich vorkommt, sogar im Spätfrühling. So merkwürdig es klingen mag, Hitze kann auch ein Problem sein. Sie bewirkt, daß Flüsse anschwellen und über die Ufer treten. Sie verwandelt Schnee auf den Karibu-Pfaden in Matsch. Sie kann auch ein vorzeitiges Schlüpfen der Mücken bewirken. Nach meiner Meinung sind die Karibus die zäheste, beharrlichste Hirschart von Nordamerika.

Wissenschaftler sind sich im allgemeinen einig, daß vier Unterarten des Ren, *Rangifer tarandus*, die nördlichen Regionen der Neuen Welt oder die westliche Hemisphäre besiedeln. Die Tiere, die wir bei Bathurst trafen, gehören zu der Rasse *R. t. groenlandicus*, die in Grönland, Baffin Island und der Region nordwestlich der Hudson Bay bis zum arktischen Ozean vorkommt. *R. t. granti* ist die Rasse von Zentral-Alaska und der nördlichen Küste von Alaska. *R. t. caribou*, das Wald-Karibu, lebt in Wäldern und subarktischen Regionen in ganz Kanada. Das Weiße Karibu, *R. r. pearyi*, lebt auf den nördlichsten, kanadischen Inseln im arktischen Ozean.

Wegen der regionalen Unterschiede in Größe und Geweihbeschaffenheit wurden die nordamerikanischen Karibus in fünf (nicht in vier wie die Anzahl der Unterarten) Kategorien von dem Boone and Crockett Club zur Registrierung von Geweihen eingeteilt.

Es sind die Berg- (British Columbia, Alberta, südlicher Yukon und Mackenzie Berge im Nordwest-Territorium), die Wald- (Kanada von West-Neufundland bis südliches British Columbia), die Kanada- (Grönland und nördliches Kanada), die Alaska- und die Quebec-Labrador-Karibus. Wenn man diese alle zusammenfaßt, bleibt noch eine andere Unterart übrig: das Rentier aus Skandinavien, *R. t. tarandus*, welches auf der Insel Nunivak ausgesetzt und angesiedelt wurde und heute in Alaska stellenweise vorkommt.

Die Boone-and-Crockett-Aufzeichnungen ergeben, daß die Geweihe durchschnittlich um so größer sind, desto weiter sie aus dem Westen oder Nordwesten stammen. Die meisten der rekordverdächtigen Karibu-Geweihe stammen aus Alaska, mit einer bemerkenswerten Ausnahme: 1931 erwarb Zack Elbow das größte Karibu-Geweih, daß je von einer Unterart oder Kategorie gemessen wurde – und mit erheblichem Unterschied – in Labrador. Es erzielte nach dem Boone-and-Crockett-System 474 Punkte.

Das Rentier der Alten Welt

Von allen eurasischen Hirschen läßt sich über diese Art, die – dank des Weihnachtsmannes – vielleicht die bekannteste Hirschart der Welt ist, am schwierigsten berichten. Es steht außer Frage, daß das Rentier in einem großen Teil von Nordeuropa weit verbreitet ist. Aber Fachleute streiten sich heftig über die Anzahl der Unterarten (wenn es mehr als eine ist), die es gibt, ebenso darüber, wie viele Herden wirklich noch wild sind. Beispielsweise nimmt man an, daß das letzte, wirklich wilde Rentier in Schweden 1865 erlegt wurde. Die Viertelmillion Tiere, die noch in dem Land leben, wurden in unterschiedlichem Ausmaße von den Lappen zusammengetrieben, wirtschaftlich genutzt und domestiziert.

Auch heute noch ist das Rentier für viele nordische Völker ein unentbehrliches Haustier. Es dient als Reittier, Tragtier und vor allem als Zugtier für die Schlitten. An dem Ren selbst gibt es eigentlich nichts, was nicht verwertet werden kann. Die Kühe werden gemolken und geben eine gute Milch. Sehr nahrhaft sind das Fleisch und das Körperfett. Das Fell wird zu Kleidung verarbeitet, und aus Därmen, Sehnen, Geweih und Knochen werden Schnüre, Seile, Nähmaterial und Werkzeuge hergestellt. Von Nomaden in Nordamerika erbeutete Wildrene werden in derselben Weise genutzt und verwertet.

Rentiere lebten einst in England und verschwanden aus Schottland, wahrscheinlich ihrer letzten Hochburg, im neunten Jahrhundert. Begrenzte kleine Herden aus wilden Rentieren besetzen drei Schutzgebiete in Norwegen, obwohl sie sich mit seit langem domestizierten Tieren vermischt haben. Das letzte wilde Rentier in Finnland wurde vor einem Jahrhundert getötet, aber es könnten noch einige jenseits der Grenze in Rußland leben. Eine kleine Rentierrasse, *R. t. platyrhynchus*, lebt in Spitzbergen, einer Insel 724 km vor der Küste Norwegens in der Barentssee. Heute werden die in Skandinavien verbreiteten Tiere als *R. t. tarandus* betrachtet. Die Rentiere aus dem europäischen Rußland sind als *R. t. fennicus* klassifiziert. Sie wurden in Alaska als Nutzvieh für die Ureinwohner eingeführt, was aber ein zweischneidiges Schwert war. Sie zerstören viel mehr von der empfindlichen Umwelt als die einheimischen Karibus, weil sie nicht umherziehen, und sie müssen von Leuten gehütet werden, die nicht besonders begeistert davon sind, die Herde zu beaufsichtigen und nach Raubtieren Ausschau zu halten.

Einige männliche Rentiere bilden eindrucksvolle Geweihe, die in der Form denen der Karibus ähnlich sind. Aber im Durchschnitt sind die Geweihe kleiner und ebenso die durchschnittliche Körpergröße. Die Jahrhunderte der Domestikation scheinen eine Menge Energie einer einst prächtigen, wilden Art entzogen zu haben.

Größe

Ein ausgewachsener Karibubulle hat eine Schulterhöhe zwischen 1,10 und 1,20 m und wiegt zwischen 135 und 225 kg, abhängig von seinem Verbreitungsgebiet. Die langen, abgeflachten Geweihe, die am Ende schaufelförmig sind, können 90 cm hoch aufragen und besitzen bis zu 40 Enden und zwei Stirnschaufeln. Relativ zur Körpergröße (Karibus sind erheblich kleiner als Rothirsche oder Elche desselben Alters) ist das Geweih eines ranghohen Bullen das schönste, das von einem Vertreter der *Cervidae* getragen wird. Wie schon erwähnt, tragen die Weibchen aller Rentierrassen anders als bei anderen Hirschen auch Geweihe. Diese sind jedoch viel kleiner als diejenigen der Männchen. Die Weibchen werfen die Geweihe auch jedes Jahr ab, aber später als die Männchen.

Bestand

Die Populationen von vielen arktischen Säugetieren – Lemmingen und Füchsen zum Beispiel – schwanken erheblich von Jahr zu Jahr und die der wilden Rentiere ebenso. Biologen schätzen, daß der Gesamtbestand aller Unterarten in den 80er Jahren in Nordamerika durchschnittlich zwischen einer und eineinhalb Millionen lag. Läßt man Alaska unberücksichtigt, sind die einzigen in den USA verbliebenen Ka-

Wir haben diese Karibuwanderung am Bathurst Inlet in den Northwest Territories fotografiert. Hier schwimmen die Tiere, Kühe und Kälber, über den Meeresarm (oben und Mitte) und drängen an Land. Einige der Kälbchen haben Schwierigkeiten, Halt zu finden (unten und gegenüberliegende Seite oben). Beim Weiterziehen überqueren sie eine Felseninsel inmitten dieses Meeresarmes, entschlossen, die Reise fortzusetzen, egal, was ihnen in die Quere kommt, einschließlich eines Fotografen.

ribus die 25 bis 35 Wald-Karibus, die in Nordidaho leben. Dort werden sie als höchst gefährdet eingestuft.

Während die Anzahl der Karibus heute sehr groß erscheint, war der Bestand auf dem Kontinent vor einem halben Jahrhundert vermutlich drei bis viermal so groß. Ich habe den Denali Nationalpark in Alaska, Heimat der McKinley-Herde, seit 1952 hin und wieder besucht. Meine Tagebücher zeigen, daß sich während dieser Zeit die Anzahl der beobachteten Tiere Jahr für Jahr allmählich verringerte. Als ich an einem Morgen im Jahr 1955 hoch oben auf dem Polychrome Pass stand, zählte ich mehr als 700 Kühe, Kälber und junge Bullen, die auf den tiefen, ausgetretenen Pfaden weit unterhalb vorbeizogen. Eine Herde von mehr als etwa einem Dutzend Tieren zu sehen, ist seit den frühen 90er Jahren sehr ungewöhnlich.

Wanderung

Über die Jahrtausende haben sich die Rentiere zu geschickten, unfehlbaren Fernreisenden entwikkelt. Während der Wanderungen folgt das Leittier, immer ein älteres Weibchen, den Pfaden, welche mit der Zeit die wenigsten Hindernisse boten, zu den Geburtsstätten. Das Leittier scheint genau zu spüren, welche Wege am besten geeignet und am sichersten sind. Ich habe jedes Tier in einer Gruppe beobachtet, wie es nicht nur dem Leittier folgte, sondern auch im Gänsemarsch in die Hufabdrücke des vor ihm laufenden Tieres trat. Sich auf diese Weise zu bewegen, spart eine Menge Energie, die verlorengehen würde, wenn jeder seinen eigenen Weg suchen würde. Im Durchschnitt schafft eine ziehende Herde etwa 16 km am Tag, 24 bis 32 km, wenn sie durch einen zu späten Aufbruch gedrängt wird und bis zu 64 km unter extremen Umständen.

Die meisten erwachsenen Männchen schließen sich der Massenwanderung im Frühjahr nicht an, obwohl man einige Bullen zwi-

Verbreitungsgebiet des Rentiers (Rangifer tarandus)

schen den Kühen und Kälbern entdecken kann. Statt dessen bleiben die meisten Bullen im Wintergebiet, bis die schmelzende Schneeschicht mehr Bodenvegetation freigibt. Sie ziehen auch, aber auf eine etwas geruhsamere Art. In der Tat holen die Bullen die Weibchen nicht ein, die zu dieser Zeit auf dem Weg zu den Paarungsgebieten (Wintergebieten) sind, bis sich die grüne Tundra in brillantes Rotbraun und Purpurrot verfärbt, wenn der Sommer zu Ende geht. Während dieser ganzen Zeit wachsen die prächtigen, majestätischen Geweihe. Ab Ende August spielen sich im hohen Norden noch einige andere, ehrfurchtgebietende Szenen ab wie solche, bei denen ein dominanter Karibubulle mit weißem Mähnen- und Brusthaar, das vom Wind zersaust wird, über die farbenprächtige Tundra wandert. Dieser Anblick ist noch atemberaubender, wenn der Bast frisch gefegt wurde und die leuchtend roten Knochen freigibt.

Der Vorgang des Fegens dauert mehrere Tage, und bald darauf verändert sich die blutrote Farbe des Geweihes nach Braun. Die größten Männchen verlieren ihren Bast als erste, nacheinander gefolgt von den immer jünger werdenden Bullen. Im Denali Nationalpark in Alaska, wo die Bullen mächtige Geweihe ausbilden, haben Peggy und ich kleine Junggesellenherden fotografiert, bei denen alle Geweihe mit dunkelbraunem Bast überzogen waren, bis auf eines, das leuchtend rot war. Dieses Geweih gehörte eindeutig dem größten Männchen. Eine Woche bis zehn Tage später würde der Bast von allen anderen Geweihen zu Boden fallen und im Wind flattern. Interessanterweise hat man im Denali Nationalpark Wölfe beobachtet, die den abgefegten Bast auffraßen.

Fortpflanzung

Wenn die Tage kalt und rauh werden und der erste Schnee im Herbst fällt, beginnt die Brunft der Rentiere. Kleinere Gruppen von Kühen schließen sich mit anderen zu großen Herden auf den Brunftplätzen zusammen, die sich im Bereich der Baumgrenze oder südlich davon befinden. Alle Tiere sind ziemlich fett und geschmeidig. Die älteren Bullen haben beispielsweise während der wärmeren Monate 22 kg oder mehr zugenommen, und eine dicke Schicht aus weißem Speck bedeckt Rücken und Hinterteil. Alle gesunden Männchen haben ihr Körpergewicht in nur drei Monaten um etwa 20 Prozent erhöht. Die Weibchen haben etwa halb soviel zugenommen. Alle nordamerikanischen Hirsche vergrößern ihr Körpergewicht als Vorbereitung für die Brunft und den Winter, aber keine Art soviel wie das Rentier.

Wenn Sie in der Lage sind, das Sammeln der Karibus im Herbst zu beobachten, bemerken Sie bald, wie sich eine Anspannung breitmacht. Besonders die Männchen werden immer gereizter und entwickeln einen üblen Geruch. Mit zunehmender Intoleranz und Rivalität brechen die Junggesellengruppen des Sommers auseinander. In der Herde herrscht ein ständiges Gewimmel, als ob die Bullen ihre Rangordnung festlegen wollen. Die Spannung der bevorstehenden Paarung liegt in der kalten Luft. Wenn die Bullen ihre Rangordnung nicht durch gegenseitiges Wegschieben und Präsentieren festlegen können, kommt es zu heftigen Kämpfen. Aus der Entfernung könnte ein Beobachter mehrere, gleichzeitig stattfindende Geweih-Duelle beobachten. Bei Karibubullen kommt es wahrscheinlich schneller zu Kämpfen als bei anderen männlichen Hirschen, und ihre Auseinandersetzungen sind ernster. Häufig werden Bullen getötet oder verkrüppelt und werden so zur leichten Beute für die sie ständig verfolgenden Wölfe.

Bei näherem Hinsehen kann man in einer Gruppe einen keuchenden, heiser hustenden Bullen sehen, der eine paarungsbereite Kuh verfolgt. Hals und Nase sind vorgestreckt, wenn er sich von hinten nähert, um den Duft des Weibchens besser aufnehmen zu können. Häufig zieht der Anblick eines Bullen, der

Ein Bulle der letzten Wald-Karibus, die – hochgradig gefährdet – südlich der Grenze zwischen Kanada und den USA überleben. Der Bulle ist geschlechtsreif und besitzt ein prächtiges Geweih.

Oben: Die Geweihe von Karibus sind lang, abgeflacht und an den Enden schaufelförmig. Rechts: Ein einzelner Bulle mit frisch gefegtem Geweih und eine gut getarnte Junggesellenherde ziehen zu den traditionellen Brunftgebieten in Zentralalaska.

Oben: Vermutlich weil er einem Wolf zum Opfer gefallen ist, hat dieser Bulle, von dem nur noch Schädel und Geweih übrig sind, seine jährliche Wanderung zu den Brunftplätzen nicht beendet.
Links: Heute überlebt der Wolf in Nordamerika in größerer Anzahl nur in Kanada und Alaska, obwohl es einen kleinen Bestand im nördlichen Minnesota und einen noch kleineren in den angrenzenden USA gibt. Wölfe töten Elche, Karibus, Wapitis und andere Hirsche, abhängig von Ort und Zeit. Abgebildet ist ein sechseinhalb Monate alter Wolf, der das Jagen noch lernt.

Von Hirschen und Wölfen

Vor zwei oder drei Jahrhunderten war der Wolf (Canis lupus) das am weitesten verbreitete Säugetier der Welt. Wölfe durchstreiften Nordamerika, Europa und Asien und besiedelten viele verschiedene Lebensräume. Die trockensten Wüsten, die nassesten Regenwälder und die höchsten Gebirge waren die einzigen Plätze, die sie nicht bewohnten. Sie überleben immer noch auf der nördlichen Halbkugel, aber heute nur in den größten, unberührten Wildnissen, die der Mensch noch nicht besiedelt und „kultiviert" hat. Mehr als die Hälfte des ursprünglichen Verbreitungsgebietes wurde von einer Zivilisation in Anspruch genommen, welche anscheinend beschloß, die Wölfe auszurotten. In Nordamerika ist der Wolf aus Mexiko und fast gänzlich aus Südkanada verschwunden, aber hält sich in den Weiten der nördlichen Wildnis. In den USA besteht noch eine gesicherte Population in Alaska, aber Politiker und Landerschließer denken ständig über Möglichkeiten zur Vernichtung nach. Es gibt Alibibestände von Wölfen im nördlichen Minnesota, im Michigan's Isle Royale Nationalpark in Lake Superior und im nordwestlichen Montana.

Einzelne Wölfe sind nicht so erfolgreiche Hirschjäger wie Pumas. Aber Wölfe gleichen das aus, indem sie in Familienverbänden oder Rudeln jagen und durch ihr größeres Durchhaltevermögen. Erwachsene Tiere wiegen im Durchschnitt 45 kg und können von reinweiß über grau oder braun bis fast reinschwarz gefärbt sein. Die nördlichsten Tiere sind am hellsten gefärbt und am schwersten. Das helle Fell ist ein erheblicher Vorteil in arktischen Regionen. Alle Wölfe, aber besonders die im Norden lebenden Tiere, besitzen eine extrem dichte Unterwolle, die sie warm hält, wenn die Temperaturen im Winter weit unter den Gefrierpunkt fallen.

Der gesellige Wolf lebt in einer Sozialstruktur, an deren Spitze je ein dominierendes Männchen und Weibchen stehen, welche das Rudel anführen. Ihr Rang wird durch Alter, Macht, Erfahrung und Nachkommen bestimmt. Der Zusammenhalt zwischen den Tieren scheint im Winter am stärksten, wenn die Jagd am schwierigsten und eine Kooperation äußerst wichtig ist. Viel von unserem Wissen über Wölfe stammt von dem Biologen L. David Mech. Mech hat die meiste Zeit seines erwachsenen Lebens damit verbracht, Wölfe zu Fuß und mit Schneeschuhen, mit Boot und Flugzeug, per Telemetrie und Computerbildschirm zu verfolgen.

Mech lernte zum Beispiel, daß trotz einer niedrigen Erfolgsquote bei der Jagd, Wölfe zahlreiche Elche, Karibus, Wapitis oder andere Hirsche erlegen. Aber fast nirgends hat ihre Jagd einen Hirschbestand ernsthaft bedroht. Diese Beutegreifer haben im Gleichgewicht und in Harmonie mit ihren Beutetieren gelebt, seit sich die beiden nebeneinander entwickelt haben. Es könnte wieder so sein, wenn Menschen aufhören würden, Wölfe bei jeder Gelegenheit zu töten.

eine Kuh verfolgt, andere Bullen an. Wenn der erste Freier die anderen nicht einfach durch Drehen des Kopfes und Präsentieren des riesigen Geweihes vertreibt, findet ein lauter Kampf statt. Nach etwa zwei bis drei Wochen sind alle Kühe von einigen der besten Bullen gedeckt worden, und das Klappern der Geweihe nimmt langsam ab und endet schließlich ganz. Nun beginnt die Zeit des Hungerns, die für die Männchen viel härter als für die Weibchen ist.

Karibumännchen fressen während der aktiven, turbulenten Brunftzeit, wenn überhaupt, sehr wenig. Schon sind die im Sommer angelegten Fettreserven erschöpft. Die Geweihe sind abgeworfen. Aber die Kühe behalten ihre Geweihe länger und benutzen sie nun, um ihre Kälber und ihre eigenen Futterplätze gegen andere Kühe und Bullen zu verteidigen. In der Tat sind die Weibchen auf einmal dominierend. Die fetten, hübschen Bullen des Sommers sind nur noch Haut und Knochen und voller Schmerzen: die geschundenen Wanderer. Sie sind jetzt ebenso gefährdet durch Wölfe wie die Kälber. Allmählich schließen sich die Männchen wieder zu ihren Junggesellenherden zusammen, die nun nur noch eine zweitrangige Bedeutung haben.

Ausrüstung

Überall im Land der Rentiere ist der Winter eine grimmige Zeit, in welcher der Unvorbereitete nicht überlebt. Damit sie zum Frühjahr überleben, sind die Rentiere auf ihr bemerkenswertes Fell, ihre großen Hufe und ihr ungewöhnliches Kreislaufsystem angewiesen. Das dichte Fell bedeckt das ganze Tier so gut, daß Rentiere niemals frieren, auch nicht bei den niedrigsten Temperaturen, die in der Arktis herrschen. Die Körpertemperatur wird ohne oder nur durch geringe Zunahme der Stoffwechselrate aufrechterhalten.

Das Rentierfell oder die Decke ist eine wirksame Isolationsschicht. Die feinen Haare laufen an beiden Enden spitz zu und halten Feuchtigkeit von der dikken Unterwolle fern. Diese Kombination aus äußeren, zellulären Deckhaaren und dichtem Unterfell verhindert einen Wärmeverlust des Körpers und hält eine Körpertemperatur von 41 °C aufrecht. Sogar das Maul bis auf die Nasenlöcher ist zum Schutz, wenn es im Schnee nach Nahrung sucht, fellbedeckt.

Weil Rentiere, besonders die nördlichsten Rassen, einen erheblichen Teil ihres Lebens damit verbringen, im Schnee nach Nahrung zu graben, sind ihre Hufe speziell an diesen Zweck angepaßt. Der Huf eines erwachsenen Männchens mißt etwa 12 cm im Quadrat und verändert seine Form in Anpassung an die Jahreszeiten im Norden. Die Ränder der Hufe sind während der langen Sommerwanderungen rund geschliffen. Aber nach dem ersten dauerhaften Schnee entwickelt die äußere, harte Schicht jedes Hufes eine scharfe Kante und dadurch eine konkave Form. Diese ist ideal, um Eiskrusten zu durchbrechen und in ver-

Oben: Ein Karibubulle im Spätsommer im großartigen Denali Nationalpark. Es ist vor der Brunft, wenn die meisten Bullen ihre Geweihe noch besitzen. Denali ist der beste Ort in Nordamerika, um solche prächtigen Karibugeweihe zu sehen. Links: Wald-Karibubullen üben für die Rangkämpfe. Gegenüberliegende Seite: Das Fegen des Bastes dauert mehrere Tage. Kurz danach wird die blutrote Farbe des Geweihes braun.

Oben: Ein Unwetter zieht im Spätsommer über die Tundra von Alaska, wo ein einzelner Bulle zum Äsen eine Pause einlegt. Rechts: Das Fell der Karibus ist mit seinen feuchtigkeitsabweisenden Haaren und der dichten Unterwolle ein guter Isolator.

dichtetem Schnee Halt zu finden. Es verleiht dem Tier auch mehr Bodenhaftung auf glatten Oberflächen. Die zusätzlichen, kleinen Nebenhufe berühren den Boden nur beim Gehen und sorgen für eine vergrößerte Auflagefläche.

Noch ungewöhnlicher als die Hufe und das Haarkleid ist das Gegenstromprinzip in den Beinen der Rentiere. Ähnlich wie bei den Systemen in den Flossen von Robben und Walrossen sowie in den Beinen einiger Vögel liegen die Arterien, die vom Herzen zu den Beinen verlaufen, sehr dicht neben den Venen, in denen das Blut in die entgegengesetzte Richtung fließt. Das erlaubt einen Wärmeaustausch vom warmen Blut zum kalten Blut und hilft, die Temperatur der Beine bei etwa 10 °C über dem Gefrierpunkt zu halten.

REH UND DAMHIRSCH

Das Reh *Capreolus capreolus* ist wohl wie der Weißwedelhirsch in Nordamerika das beliebteste jagdbare Wild in Europa. Hier teilt es sich den Lebensraum mit seinem viel größeren Verwandten, dem Rothirsch.

Rehe leben in kleinen Gruppen von bis zu zehn Tieren. Im Winter schließen sie sich auch manchmal zu größeren Gruppen zusammen. Sie sind nicht nur in Wäldern und auf Feldern, in Heide- und Feuchtgebieten anzutreffen, sondern bewohnen auch die Kulturlandschaft. Besonders frühmorgens und in der Abenddämmerung kann man die Tiere auf dem freien Feld beim Äsen beobachten.

Rehe sind in den meisten Teilen Europas (außer in Irland) und in Kleinasien beheimatet. Richtung Osten, in Zentralrußland, lebt das sehr ähnliche Sibirische Reh, *C. c. pyargus*. Eine zweite Unterart ist das Chinesische Reh, *C. c. bedfordi*.

Das Reh, dieser Bock ist noch im Bast, ist in Europa weit verbreitet.

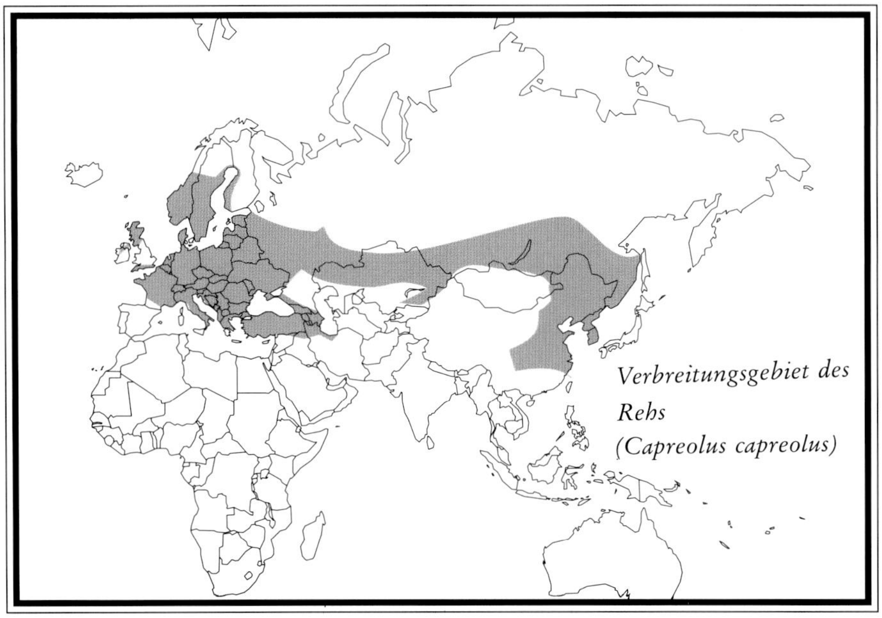

Verbreitungsgebiet des Rehs (Capreolus capreolus)

Im Sommer trägt das Reh ein dichtes, rötliches Fell, welches in der Farbe dem des Rotfuchses ähnelt. Im Gesicht geht das Rot in Grau über. Das Kinn ist weiß. Im Winter wird das leuchtende Fell grau mit helleren Flecken. Der helle, kreisrunde Fleck am Hinterteil, der sogenannte Spiegel, wird größer und im Gegensatz zum Sommerfell leuchtend weiß. Dieser Spiegel hat eine Signalfunktion und ist für den Zusammenhalt des Rudels von großer Bedeutung. Auf der Flucht orientiert sich jedes Tier nach diesem Signal des vor ihm laufenden Artgenossen und folgt ihm. Besonders im Winter, wenn die Tiere in größeren Gruppen leben und durch Raubtiere eher gefährdet sind, ist dieses Signal wichtig und daher auch zu dieser Zeit auffälliger gefärbt.

Neugeborene Kitze sind rostbraun mit hellen Tupfen auf dem Rücken und den Flanken. Ich habe nicht sehr viele Rehe in freier Wildbahn gesehen, aber ich bin fast auf ein sehr junges Kitz getreten, das im hohen Gras versteckt lag. Das Tier war so gut getarnt und verhielt sich so ruhig, daß nur die Reflektion in einem leuchtenden Auge mich dazu veranlaßte, kurz anzuhalten. Es blieb liegen, wahrscheinlich mit vor Aufregung wild pochendem Herzen, während ich mich umdrehte und davonging.

Neben einem prächtigen Rothirschgeweih findet man am häufigsten die Schädel von Rehen an den Wänden von Kneipen und Gaststätten, Schlössern, Wohnstuben und Arbeitszimmern. Aus Südengland und Schottland stammen schöne Rehgeweihe, aber die Geweihe aus Schweden sind im Durchschnitt schwerer. Das größte Rehgeweih, das je vermessen wurde, stammte von einem Bock, der 1965 in Ungarn geschossen wurde.

Im allgemeinen erreicht eine Geweihstange nur drei Enden: eine Vordersprosse, eine Hintersprosse und die eigentliche Stangenspitze. Die ein- bis zweijährigen Tiere bilden nur lange, gerade Stangenspieße. Im dritten Lebensjahr wird die Vordersprosse ausgebildet, und es ensteht ein Gabelgeweih mit vier Enden. Ab dem vierten Lebensjahr entwickelt ein Rehbock normalerweise ein „Sechsergeweih".

Im Sommer ist das neue Geweih voll ausgewachsen, und der Bast wird gefegt. Die Brunft beginnt im späten Juli oder frühen August, wenn es häufig sehr heiß in Europa ist. Die Geweihe werden im Oktober oder November abgeworfen.

Obwohl die Hauptpaarungszeit im August zu Ende geht, werden die Rehkitze erst im Mai geboren. Eine derart lange Trächtigkeit wäre für einen relativ kleinen Wiederkäuer, wie es das Reh ist, ungewöhnlich. Für dieses Phänomen hat man eine erstaunliche Erklärung gefunden. Rehe haben eine verlängerte Tragzeit. Der sich aus dem befruchteten Ei entwikkelnde Embryo bleibt bis zum Dezember in seiner Entwicklung im Mutterleib stehen. Erst dann geht die Entwicklung weiter, und die Jungen werden im Mai, was einer fünf- bis sechsmonatigen Tragzeit entsprechen würde, geboren. Diese verlängerte Tragzeit scheint eine Anpassung an die klimatischen Verhältnisse zu sein. Einerseits ist das Weibchen in der ersten Winterhälfte noch nicht den Belastungen einer Trächtigkeit unterworfen und hat so bessere Überlebenschancen in der von Futterknappheit und Kälte regier-

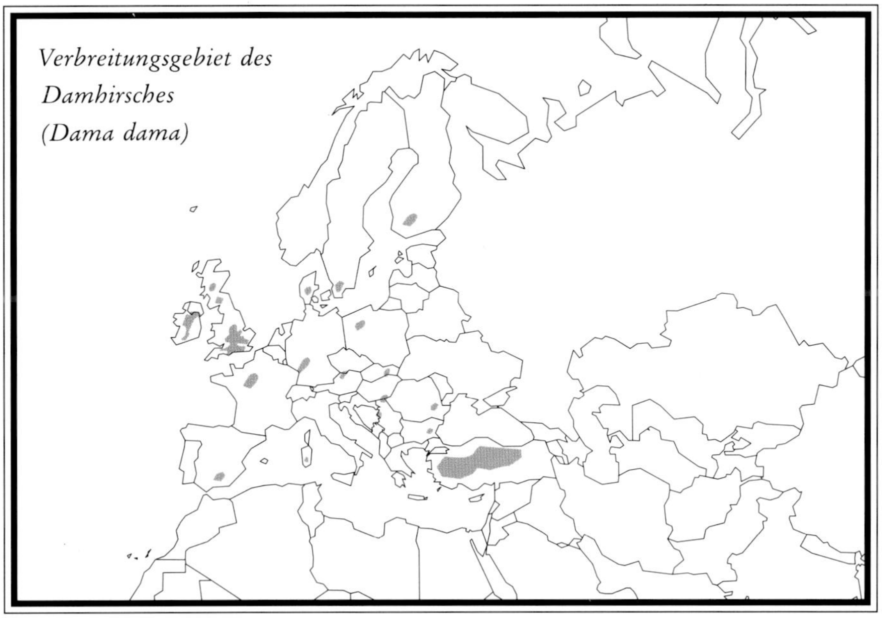

ten Zeit. Andererseits werden die Kitze in einer Jahreszeit geboren, wo frisches Grün überall ausreichend Nahrung für Mutter und Kind bietet.

Besonders in den letzten zehn bis zwanzig Jahren, seitdem das Wort „Waldsterben" einen angestammten Platz in unserem Vokabular erhalten hat und es für die übernutzten Wälder außerordentlich wichtig ist, daß junge Bäume nachwachsen, ist das Reh zu zweifelhafter Berühmtheit gelangt. Durch das Fehlen der meisten natürlichen Feinde und seine Anpassungsfähigkeit an die menschliche Kulturlandschaft konnte sich das Reh derart stark vermehren, daß es heute viel häufiger vorkommt als noch vor hundert Jahren. Daher trägt diese Tierart besonders in den Wintermonaten, wenn die Nahrung knapp wird, angeblich zum sogenannten „Verbiß" erheblich bei. Auch höhere Abschußraten und Winterfütterung führen nicht immer zum gewünschten Erfolg beim Schutz des Waldes. Wie groß der Einfluß der Rehe jedoch auf den Waldverbiß tatsächlich ist und wie man dem am besten begegnet, ist und bleibt immer noch Diskussionsstoff unter den Fachleuten.

DER DAMHIRSCH

Vor mehr als 2000 Jahren aus Kleinasien in Europa eingeführt, röhrt der Damhirsch, *Dama dama*, noch vereinzelt in Wäldern, lebt aber hauptsächlich in Wildgehen und Parkanlagen auf dem europäischen Kontinent. Etwa Dreiviertel des europäischen Bestandes soll in Großbritannien und Deutschland leben. Der Damhirsch ist auch in einigen Gegenden in den USA verbreitet.

In prähistorischer Zeit lebte diese Tierart schon einmal in Mitteleuropa. Fossile Funde haben gezeigt, daß Damhirsche in den beiden Zwischeneiszeiten in Europa vorkamen. Mit der letzten Eiszeit haben sie sich aber vermutlich nach Kleinasien zurückgezogen, von wo aus sie später dann wieder eingebürgert wurden. Die Einbürgerung des Damwildes begann im Mittelmeerraum und erstreckte sich dann immer weiter nach Norden.

Was häufig als typischer Damhirsch angesehen wird, ist das wie ein Kalb gefärbte (im Sommer) Tier mit weißen Flecken, welche im Winter gewöhnlich grau werden. Keines der wilden Säugetiere der Erde zeigt jedoch eine so große Farbvarianz wie dieses. Wir haben Herden aus völlig weißen und ganz schwarzen Damhirschen gesehen und fotografiert. Es gibt auch braune, braun gesprenkelte, gescheckte und silberblaue Tiere als Ergebnis jahrhundertelanger, selektiver Zucht in Wildparks und Zoos.

Wenn sie in einem geeigneten Gebiet leben oder übermäßig mit Nährstoffen versorgt werden, bilden die Böcke beeindruckende, sogar für ihre Körpergröße sehr mächtige Schaufelgeweihe. In ihrer Form stehen diese Geweihe irgendwo zwischen dem eines Maultierhirsches und einem jungen Elchbullen.

Die Gangart der Damhirsche unterscheidet sich von der des Rehs und erinnert eher an die Fortbewegung des amerikanischen Weißwedelhirsches. Bei

mäßig schneller Gangart, wenn sich das Tier nicht ganz in voller Flucht befindet, werden alle vier Beine zugleich aufgesetzt, wodurch es zu einer sprungartigen Bewegungsweise kommt.

Der Größenunterschied der Geschlechter ist beim Damwild sehr auffällig. Ältere Hirsche können fast doppelt so schwer wie die Weibchen werden. Die weiblichen Tiere sind ebenmäßig und leicht gebaut, wogegen die Männchen plumper und gedrungener erscheinen. Kurz vor der Brunft im Spätsommer ist der männliche Damhirsch so gut genährt, daß er sogar Speckfalten ausbildet.

Die Damhirschbrunft beginnt sowohl in Europa als auch in Nordamerika im zeitigen Oktober, wobei die Männchen ziemlich laut sind. Wir haben ihr rollendes Grunzen aus mindestens 400 Metern Entfernung gehört. Aber viel bemerkenswerter als das Grunzen ist das einzigartige Paarungsritual, genannt „Lekking“. „Lek“ ist ein schwedisches Wort, das als „eisige Fläche oder Arena, wo sportliche Wettkämpfe ausgetragen werden“ grob übersetzt werden kann. Zoologen haben diesen Ausdruck lange verwendet, um das traditionelle Paarungsgebiet zu bezeichnen, wo die Männchen ihr Territorium verteidigen und sich die paarungsbereiten Weibchen sammeln.

„Lekking“ ist ein häufiges Paarungsverhalten bei verschiedenen afrikanischen Antilopen und einigen Vögeln, wie dem nordamerikanischen Beifußhuhn und dem europäischen Birkhuhn. Aber Damhirsche sind die einzigen Vertreter der Familie Cervidae, die „Leks“, also Brunftplätze, die über Jahre immer wieder aufgesucht werden, benutzen. Eine Damhirsch-Herde in Europa hat dasselbe „Lek“ mindestens 160 Jahre lang benutzt.

1828 malte der englische Künstler J. M. W. Turner die Landschaft von Petworth Park in Sussex in England. In der Mitte des Bildes kämpfen zwei Damhirsche in der fahlen Oktobersonne zwischen Eichenbäumen, während andere Männchen von verschiedenen Standorten aus zuschauen. Irgendwo grast eine Gruppe Weibchen friedlich. Kürzlich besuchte der Biologe Tim Clutton-Brock Petworth und beobachtete eine Szene, die der im Bild verblüffend ähnlich war. Daraufhin führte er weitere Untersuchungen durch, warum männliche Damhirsche die sehr kleinen Reviere eines „Leks“ verteidigen, statt jeden Herbst die Weibchen zu verfolgen oder einen Harem um sich zu sammeln, wie es andere Hirsche tun. Nach fünf Jahren sorgfältiger Beobachtungen sucht er immer noch nach der Antwort.

Gegenüberliegende Seite: Junge, weiße Damhirsche kämpfen, vermutlich als Trainingsübung.

Oben rechts: Dieses Foto zeigt die einzigartige Form des Geweihes eines großen Damhirsches. Das Geweih erinnert eher an das eines Elches als an die anderer Hirsche.
Unten rechts: Der Axishirsch aus Indien wurde in europäischen Wildparks eingeführt, wo er sich verbreitete und durch seine Färbung auffällt. Er wurde auch verstreut in den USA ausgesetzt, wo er heute noch lebt.

DER WEISSWEDELHIRSCH

Nehmen wir an, Sie besitzen die beste Kameraausrüstung, die man für Geld kaufen kann. Sie haben unbegrenzt Zeit und können überall hin reisen. Ihr Ziel ist es, Bilder für ein Buch wie dieses zu schießen, um Geweihe von jeder amerikanischen Hirschart aufzuzeigen. Bei welcher Art ist es wohl am schwierigsten?

In meinen Augen wäre es bei dem bekanntesten und häufigsten Hirsch in Nordamerika oder der ganzen Welt, dem allgegenwärtigen Weißwedelhirsch. Im Vergleich ist es bei Elch, Rothirsch, Rentier und Maultierhirsch wesentlich leichter.

Dafür gibt es mehrere gute Gründe. Obwohl der Weißwedelhirsch, *Odocoileus virginianus*, die häufigste und am weitesten verbreitete Hirschart ist, ist er auch die vorsichtigste Hirschart. Je älter die Männchen werden, um so scheuer werden sie, besonders dort, wo jedes Jahr die Jagd eröffnet wird. Stattliche Hirsche bekommen keine schönen und großen Geweihe, weil sie entdeckt werden.

Zu Anfang meiner Laufbahn in der Wildnis, die 1949 begann, arbeitete ich einige Jahre als Jagdaufeseher in der „Division of Wildlife" in Ohio. Zu dieser Zeit erholten sich gerade die geringen Hirschbestände. Hirschsichtungen waren nicht annähernd so normal wie heute, wurden aber immer häufiger. Jeden Herbst während der Brunftzeit fanden wir wirklich bemerkenswerte Böcke, die auf Straßen in Gegenden getötet wurden, von denen niemand glaubte, daß dort solche Hirsche lebten. Dieselben Tiere, die sich so leicht der Entdeckung durch den Menschen während des Jahres entzogen haben, hatten bis dahin nicht gelernt, mit dem schnellen Verkehr auf modernen Straßen zurechtzukommen.

Dieser Weißwedelhirsch aus Texas besitzt sicherlich eines der größten, für die Art typischen Geweihe, die jemals an einem lebenden Tier fotografiert wurden. Er würde nach der Bewertung von Boone and Crockett etwa 190 Punkte erzielen. Das Foto wurde im November während der Brunft geschossen, als das Tier etwa fünfeinhalb Jahre alt war, entweder am Höhepunkt des Geweihwachstums oder kurz davor.

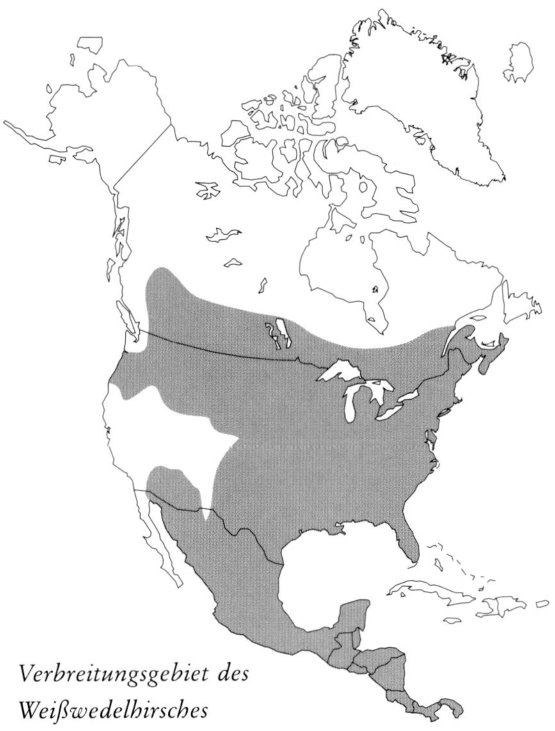

Verbreitungsgebiet des Weißwedelhirsches (Odocoileus virgianus)

Die sanften Pflanzenfresser?

Der Weißwedelhirsch wird als sanfter Pflanzenfresser beschrieben. Betrachten Sie nur das schöne Fell, die großen, braunen Augen, die dünnen Beine und das anmutige, ja zierliche Auftreten. Es ist leicht zu verstehen, warum diese Tiere schwach und zart erscheinen und warum manche sie als zu unschuldig für ein jagdbares Wild betrachten. Aber alle diese Eindrücke sind gewiß falsch.

Dreißig verschiedene Rassen oder Unterarten von Weißwedelhirschen sind von Venezuela durch fast die ganzen USA bis zum gesamten Süden von Kanada verbreitet. Die Körpergröße der Rassen in den USA nimmt von den Hirschen in den Florida Keys, der kleinsten Unterart *O. v. clavium*, bis zur nördlichsten und größten Rasse *O. v. dakotensis* allmählich zu. Ohne genauere Untersuchung lassen sich die Rassen außer durch die Größe praktisch nicht unterscheiden. Viele Hirsch-Biologen haben sogar herausgefunden, daß die Hirsche durch Umsiedlung, Einbürgerung und andere Management-Maßnahmen so vermischt wurden, daß es heute nur noch eine Art, *Odocoileus virginianus*, gibt. Und so ist es.

Die Tatsache, daß Weißwedelhirsche den Angriff durch die Menschen auf Nordamerika überlebt und heute vielleicht ihre größten Bestandszahlen erreicht haben, ist ein Hinweis dafür, daß sie überhaupt nicht schwach sind. Weißwedelhirsche haben die großen Klimaschwankungen überlebt und im Gegensatz zu anderen Hirschen gelernt, in vielen verschiedenen Lebensräumen zu bestehen. Diese Hirsche wurden auch nach Europa, Australien, Neuseeland und sogar Südafrika exportiert. Aber dies ist ein zweischneidiges Schwert. Die Weißwedelhirsche sind in der Tat ein gutes Beispiel dafür, warum es unklug ist, Wildtiere in eine Umgebung umzusiedeln, in der sie niemals gelebt haben und wo sie auch nicht hingehören. Mit den Hirschen werden Krankheiten exportiert, an denen die einheimischen Arten erkranken. Unbehelligt von natürlichen Freßfeinden vermehren sich die fremden Hirsche häufig zu stark und überweiden die einheimische Vegetation. In manchen Fällen können sie seit langem bestehende und empfindliche Lebensräume verwüsten.

Die „sanften Pflanzenfresser" haben sich aus einem schweinsähnlichen Vorfahren zu einer zähen und flinken Kreatur entwickelt, die – mit diesen dünnen Beinen – in der Lage ist, schneller zu laufen als jeder ihrer natürlichen Feinde. Sie können ebenso schnell durch immergrüne Wälder mit dichtem Unterholz wie über Steppen und felsigen Untergrund rennen. Sie sind auch gute Schwimmer. Wenn ein Hirsch vor einer Gefahr auf einem verschneiten Maisfeld zurückspringt, scheint er zu fliegen. Alle vier Beine scheinen während der meisten Zeit nicht den Boden zu berühren.

Nur wenige Tiere besitzen so hoch entwickelte Sinne. Die Augen des Weißwedelhirsches sind ausgezeichnet und entdecken besonders schnell die geringste Bewegung. Der Geruchssinn ist gut. Aber sein Gehör ist wohl am feinsten.

Ohne hochzusehen kann der Hirsch, wenn er Eicheln vom Boden frißt, den Tritt eines Menschens von dem eines Bären oder einer Kuh unterscheiden. Er weiß, ob die Bewegung eines anderen Tieres in der Nähe ängstlich oder ruhig ist. Empfindliche Ohren, die in alle Richtungen eingestellt werden können, informieren den Hirsch ständig darüber, was um ihn herum passiert. Es ist sehr schwierig, sich einem wilden und gesunden Weißwedelhirsch unauffällig zu nähern.

Das Haarkleid

Das Haarkleid des Weißwedelhirsches ist auch wichtig zum Überleben. Von der Geburt bis das Tier etwa halbwüchsig ist, ist das weißgesprenkelte, rötlichbraune Fell eine überraschend gute Tarnung und paßt sich hervorragend in verschiedenen Lebensräumen an, solange das Kälbchen vor Feinden noch nicht davonlaufen kann. Im Sommer tragen die erwachsenen Tiere ein helles, rötliches Fell, daß an heißen Tagen kühl bleibt. Wenn der Herbst kommt, findet ein Wechsel zu einem dickeren Fell statt, welches die Wärme weit besser hält.

Jeden Winter wundern wir uns, wie wirksam die langen Deckhaare und die kurze Unterwolle gegen wochenlange Minustemperaturen schützen. Die Weißwedelhirsche in unserem Garten in Montana sind manchmal mit einer Schneeschicht bedeckt, die nicht schmilzt und in der Tat als eine zusätzliche Isolationsschicht wirkt. Für den zweimaligen Fellwechsel im Jahr wird zwar Energie verbraucht, aber angesichts der hohen Überlebensrate, besonders in Gebieten mit großen Temperaturschwankungen, ist es diesen Aufwand wert.

Weißwedelhirschdüfte

Jeder Weißwedelhirsch besitzt vier Paare von äußeren Drüsen. Die Tarsaldrüsen sind durch weiße Haarbüschel an der Innenseite des mittleren Gelenks der Hinterbeine gekennzeichnet. Sie produzieren einen Duftstoff, der für jedes Tier einzigartig ist so wie die Fingerabdrücke beim Menschen. Die Metatarsaldrüsen sitzen unten an der Rückseite der Beine direkt über den Hufen. Zwischen den beiden Hufhälften befinden sich die Zwischenzehendrüsen, die beim Laufen des Tieres eine Duftspur hinterlassen. Die Präorbitaldrüsen im Augeninnenwinkel dienen als Tränendrüsen. Alle diese Drüsen sind Bestandteil des Kommunikationssystems zwischen den Hirschen, zu dem auch das Urinieren gehört. Ich hob einmal ein Kälbchen auf, dessen Mutter von einem Auto überfahren worden war, und es urinierte über uns beide – ein typisches Verhalten von einem Kalb, das Angst hat. Erwachsene Tiere urinieren auch, wenn sie drohen oder sich von anderen Artgenossen bedroht fühlen. Aggressive Weißwedelhirsche und Böcke während der Brunft reiben ihre Hinterbeine aneinander und urinieren auf die Tarsaldrüsen.

Überlebensausrüstung

Einige Hirsche sind für ihre Lautäußerungen bekannt – zum Beispiel der Rothirsch für sein Röhren. Weißwedelhirsche geben dagegen nicht viele Laute von sich. Einige, aber nicht alle, stoßen blökende Laute aus, wenn sie sich während der Brunft jagen. Kälber können blöken, wenn sie in Gefahr sind, ich habe aber in der Natur nie welche schreien hören. Das Geräusch, das die meisten Menschen hören, ist ein Schnauben, das die Tiere von sich geben, wenn sie überrascht oder aufgescheucht werden.

Alle Hirsche besitzen einen gut entwickelten Geruchssinn, der zu bestimmten Jahreszeiten noch empfindlicher werden kann. Gerüche identifizieren andere Hirsche, Freund oder Feind, die sich nähern. Sie helfen den Hirschen, Nahrung zu finden, die meistens zuerst geruchlich und dann geschmacklich identifiziert wird. Einige Wissenschaftler glauben, daß nur der Geruch dem Hirsch instinktiv und augenblicklich verrät, ob eine Pflanze schmackhaft und nährstoffreich genug ist, um gefressen zu werden. Andere glauben, es sei eher eine Kombination aus Geruch und Geschmack. Wir wissen, daß Weißwedelhirsche, wenn sie im Herbst an eine Wiese kommen, die zur Hälfte gedüngt und zur Hälfte ungedüngt ist, nach einer geruchlichen Kontrolle zielstrebig zum Äsen den gedüngten Bereich auswählen.

Nicht zuletzt gehören die beiden schnellen Gangarten zur Überlebensausrüstung des Weißwedelhirsches. Wenn die Notwendigkeit wegzulaufen nicht allzu dringend ist, trottet das Tier. Es geht mit hoch erhobenem Kopf und Schwanz, wobei der Schwanz hin und her pendelt. Ist das Tier wirklich alarmiert, galoppiert es, was schön anzusehen ist, besonders wenn das Tier Hindernisse zu überwinden hat. Der Hirsch schaut geradeaus, macht gewöhnlich einige lange, kräftige Schritte, bevor er mit einem kräftigen Satz die meisten Hindernisse leicht überwindet. Dann benötigt er einige schnelle Schritte, bis er wieder über den Boden zu fliegen scheint. In freier, ebener Landschaft kann ein Weißwedelhirsch 56 km/h erreichen, womöglich sogar etwas mehr. Der ganze Körperbau und die Gangarten sind jedoch am besten dafür geschaffen, in Wäldern zu flüchten, im Gegensatz zum Hochhüpfen mit steifen Beinen während der Flucht im offenen Gelände bei den Maultierhirschen.

Die Geweihe von Weißwedelböcken sind ebenso zum Überleben wichtig, wenn auch indirekt. Große – gewöhnlich die größten – Geweihe sind wichtig für eine erfolgreiche Werbung, was andererseits dazu führt, daß die prächtigsten Böcke die meisten Kälb-

Jaguar und Hirsch

Früher war nicht nur der Puma die einzige große Raubkatze in Nordamerika. Noch 1845 lebten, nach Angaben von John Woodhouse Audubon, dem Sohn des Pioniers der Vogelmalerei, mindestens einige Jaguare im Bexar County von Texas. Davor waren sie vom Südwesten von Louisiana in Richtung Westen bis ins südliche Arizona verbreitet, wo der letzte nördlich der Grenze 1945 gesehen wurde. Aber die schönen gefleckten Katzen, die zwischen 63 kg (Weibchen) bis etwa 113 kg (Männchen) wiegen, kommen noch in vereinzelten Beständen von Mexiko bis Brasilien vor, wo sie einige Hirsche, auch Weißwedelhirsche, töten, welche mit ihnen den Lebensraum teilen, abhängig von ihrer Verfügbarkeit im Vergleich zu anderen Beutetieren. Um die Wahrheit zu sagen, ist der Jaguar, Panthera onca, ein Raubtier, das niemand so genau kennt.

Oben: Am Ende des Herbstes ist dieser prächtige, wohlgenährte Bock in Minnesota noch paarungsbereit und sein Hals ist noch geschwollen. Weißwedelhirsche in den nördlichen Bereichen ihres Verbreitungsgebietes müssen monatelangen Nahrungsmangel überstehen. Unten: Weißwedelhirsche besiedeln verschiedene Lebensräume in Nordamerika. Dies ist ein Uferbereich am Black River in Wisconsin. Rechts: Ein überfluteter Zypressenwald in Nordflorida, wo Weißwedelhirsche die Ränder besiedeln und manchmal die Wasserpflanzen fressen. Hirsche können sehr gut schwimmen. Dieser Lebensraum unterscheidet sich erheblich von den sonstigen der Weißwedelhirsche.

Weißwedelhirschkälbchen werden von ihren Müttern über einen längeren Zeitraum allein gelassen, bis sie kräftig genug sind, um ihnen zu folgen. In dieser Zeit sind sie durch Raubtiere bedroht.

Ein Bock, der beim Fressen auf einem Acker in Texas überrascht wurde, flüchtet in das sichere, dichte Gebüsch.

chen zeugen. In diesem Zusammenhang sollte ich erwähnen, daß nach neuesten Erkenntnissen für ein erfolgreiches Werben kräftige, schwere Körper vielleicht ebenso wichtig sind wie mächtige Geweihe.

Fortpflanzung

Vor der alljährlichen Brunftzeit im Herbst (im November in den meisten Verbreitungsgebieten in Kanada und in den USA, später im Süden) und nach dem Fegen des Geweihbasts schwillt der Hals fast zur doppelten Größe an, und die Geschlechtsorgane vergrößern sich. Große Männchen beginnen umherzuziehen, kratzen von Zeit zu Zeit mit den Vorderhufen auf dem Boden und urinieren. Bei zwei Gelegenheiten in Ohio und Texas habe ich Hirsche beobachtet, die mit ihren Geweihen gekratzt haben. Es gibt fast ebenso viele Vermutungen über die Gründe des Kratzens, wie es Wissenschaftler gibt, aber die meisten stimmen überein, daß es irgendwie ein Zeichen für die Paarungsbereitschaft ist. Weibchen zeigen diese Bereitschaft auch an, indem sie neben die Kratzspuren urinieren. Wenn ein Männchen den verführerischen Duft und das Weibchen entdeckt, beginnt er ihr zu folgen. Ihr Duft zieht auch andere Interessenten an – und zwangsläufig auch Auseinandersetzungen.

Die Hirsche beginnen mit wahllosen Kämpfen, sobald der Bast gefegt wird. Eine Zeitlang morgens während des Indianersommers ist es ein vorsichtiger, ja fast freundlicher Wettstreit, bei dem nur geringe Aggressionen aufkommen.

Wir haben kleinere, rangniedrigere Tiere beobachtet, wie sie sich älteren genähert und deren Köpfe beleckt haben als Auftakt für einen friedlichen Wettstreit ungleicher Gegner. Aber wenn die Tage kürzer werden, nimmt das Temperament zu. Es gibt keine faulen Turnierkämpfe zwischen Ungleichen mehr. Die wirklich ernsten Stöße und das lautstarke Gerangel mit den Geweihen findet zwischen etwa gleichwertigen Rivalen statt. Sobald einer nachgibt, ist die Rangordnung festgelegt, zumindest zwischen diesen beiden.

Während meiner Tätigkeit als Jagdaufseher in Ohio wurde ich zweimal gerufen, um große Weißwedelhirsche, deren Geweihe ineinander verhakt waren, zu trennen. In einem Fall war ein Hirsch schon tot, als ich ankam. Nachdem ich den lebenden an einen Baum gebunden hatte (was nicht leicht war), sägte ich das Geweih des toten ab, damit der überlebende befreit wurde. Ich bin sicher, daß er überlebte, aber er war wahrscheinlich nicht stark genug, um bei der Brunft in jenem Jahr teilnehmen zu können.

Im Rausch der Trophäenjagd

Eines Morgens stürmte eine Elitetruppe der Polizei ein verkommenes, geschlossenes Lagerhaus in einem heruntergekommenen Vorort von Detroit. Sie hatte zahlreiche Hinweise erhalten, daß gefährliche Drogen an diesem Ort hergestellt würden. Daher wurde die Razzia sorgfältig geplant und durchgeführt. Aber nachdem das ganze Gebäude und die Bewohner gründlich durchsucht worden waren, fanden die Polizisten keine Spur von illegalen Substanzen. Was sie jedoch entdeckten, waren Regale voll mit Geweihen von Weißwedelhirschen – oder vielmehr Fälschungen davon – die von zwei Brüdern aus Plastik nachgebildet worden waren. Später, als man sie neben echte Geweihe legte, war es praktisch unmöglich, die echten Knochen von den perfekten Kopien zu unterscheiden.

Die intensive Suche und die Nachfrage nach immer größeren Geweihen hatte eine merkwürdige und üble Wendung genommen. Die Polizei war damit beschäftigt, Wilderer aufzuspüren. Präparatorwerkstätten wurden geplündert und „Kunsthandwerker“ machten sich an echten Geweihen zu schaffen, um sie zu vergrößern. Heute kann ein rekordverdächtiges Geweih mit Gold aufgewogen werden.

Dieser Weißwedelhirsch trägt einen Ahornzweig in seinem Geweih, nachdem er es zur Übung für die Brunft gegen einen Baum geschlagen hat.

In dem anderen Fall waren beide Hirsche noch sehr kampflustig, und es erforderte die Hilfe von fünf starken, jungen Freiwilligen, die beiden zu überwältigen und mit Seilen zu fesseln, bevor wir die Säge ansetzen konnten. Einer der Rivalen war bereit, in dem Moment, wo er befreit war, seine menschlichen Retter auf die Hörner zu nehmen. Zum Glück für uns besann er sich eines Besseren.

In beiden Fällen war der Boden ringsumher von den beiden Kämpfern vollständig aufgerissen. In Michigan schoß ein Jäger einen Hirsch, der Kopf und Geweih eines anderen Widersachers immer noch verhakt in seinem Geweih mit sich herumtrug. Der schwächere war vor Erschöpfung gestorben, und mit der Zeit hatte sich der Kopf vom Rumpf getrennt. Jagdaufseher fanden später seinen Körper, teilweise von Krähen und einem Fuchs aufgefressen, am Boden liegend, völlig aufgerissen von dem Kampf.

Es ist einfach, über den Kampf zwischen Hirschen zu schreiben und ihn auszumalen, weil er aufregend und dramatisch ist, aber weit häufiger habe ich Weißwedelhirsche gesehen, die ihre Geweihe für andere Zwecke als zum Kampf einsetzten. Ich habe beobachtet, wie Geweih und Stirn gegen junge Bäume gerieben wurden, häufig die Borke rundherum vollständig abgerissen wurde und dadurch der Baum zum Absterben verurteilt war. Die meisten Biologen sagen, Weißwedelhirsche tun dies, weil der Bast auf ihren Geweihen juckt. Geweihe erweisen sich als praktisch, um Zecken und andere Insekten von Stellen zu entfernen, die das Tier anderweitig nicht erreichen kann. An einem sonnigen Tag in Wisconsin wurden wir von einem kleinen Hirsch unterhalten, der methodisch alle Zweige von einem dichten Ahornbaum mit rotem Herbstlaub abriß, die er mit seinem Geweih erreichen konnte. Das Tier schien daran Spaß zu haben.

Der Winter ist in den nördlichen Gefilden für den Weißwedelhirsch wie für die anderen Tiere, die seinen Lebensraum teilen, ein wahrer Überlebenstest. Die Raserei und der Druck der Brunft hören langsam auf. Jeder nachfolgende Tag wird immer schwieriger zu ertragen, da die Nahrung immer knapper wird, die Energiereserven schwinden und Freßfeinde auf ihre Chance warten, die nun besser als je zuvor ist. Kurz nach der Brunft werfen die Böcke ihre Geweihe ab. Diejenigen in der schlechtesten körperlichen Verfassung werfen sie zuerst ab. Das erscheint so, als würden sie eine wichtige Waffe gegen Feinde ablegen, wenn sie sie am meisten benötigen. Aber Hirsche verlassen sich bei der Verteidigung eher auf ihre scharfen Hufe, auf die schnellen Beine oder auf eine Kombination aus beidem als auf ihr Geweih.

Im Frühjahr, noch bevor die Kälbchen geboren werden, gehen Peggy und ich gerne zwischen den Pappeln und Fichten entlang des Deep Creek, der über 800 Meter durch unser Land führt, spazieren. Mindestens ein Dutzend Weißwedelhirsche überwintert immer hier. Wir suchen nach den ersten Frühlingsblumen und sammeln Morcheln, schauen aber auch nach abgeworfenen Weißwedelhirschgeweihen und anderen Anzeichen der Hirsche. An einem Frühlingstag fanden wir das verstreute Skelett und das Fell eines Hirsches, der, davon waren wir überzeugt, von einem Puma getötet worden war, zu dessen Jagdgebiet der Deep Creek gehörte. Wir fanden auch Kratz- und Fegespuren von der Brunft im letzten Herbst und Geweihe, an denen Stachelschweine genagt hatten. Unsere Weißwedelhirsche sind ein Schatz und erfreuen einen das ganze Jahr.

Gegenüberliegende Seite oben: Die Männchen beginnen mit gelegentlichem Gerangel, sobald sich der Bast ablöst.

Gegenüberliegende Seite unten: Als Bestandteil des Brunftrituals scharrt dieser Hirsch zur Markierung mit seinen Hufen auf dem Boden und reibt sich an den Ästen direkt darüber, wodurch diese auch markiert werden.

Nächste Seite: Größere Männchen verlieren etwas von ihrer natürlichen Scheu während der Brunft und sind zu dieser Zeit leichter zu beobachten als zu einem früheren oder späteren Zeitpunkt.

Beide Fotos: Kämpfe von Weißwedelhirschen während der Brunft können mit Verletzungen von Augen und Ohren durch Geweihe, wie im oberen Foto zu sehen ist, enden. Dieser Hirsch ist nun auf einem Auge blind. Im unteren Foto sind die Geweihe der Böcke ineinander verhakt. Beide Tiere sind erschöpft.

Der nordamerikanische Luchs (Foto) erlegt junge Hirsche und in strengen, schneereichen Wintern auch geschwächte erwachsene Tiere. Aber seine Bedeutung als Freßfeind ist gering.

Luchse: mögliche Feinde

Luchse, die in den USA und Kanada weit verbreitet und relativ häufig sind, haben nur geringen Einfluß auf die Bestandszahlen der Hirsche. Aber sowohl der Nordluchs (Lynx lynx) als auch der kleinere in den südlicheren USA bis Mexiko verbreitete Rotluchs (Lynx rufus) jagen hauptsächlich kleinere Beutetiere. Der Nordluchs beispielsweise ist in seinem Bestand das ganze Jahr über stark vom Schneehasen abhängig, so daß seine eigene Population mit den periodischen Schwankungen der Hasenbestände steigt und fällt. Trotzdem wird ein Luchs immer die Gelegenheit wahrnehmen, ein Kalb zu reißen, das noch zu jung ist, um zu fliehen.

Luchse werden häufig beschuldigt, ausgewachsene Hirsche zu töten, und es gibt zahlreiche Berichte darüber, wie sie stark geschwächte Tiere, die sich in den nördlichen Wintergebieten drängen, in sehr strengen Wintern erlegen. Ich fand selbst einmal einen gesunden, erwachsenen Weißwedelhirsch, der von einem Luchs halb aufgefressen worden war. Zuerst dachte ich, die Katze hätte ihn gerissen, aber später erkannte ich an den Reifenspuren, daß der Hirsch überfahren worden war, sich noch eine kurze Strecke davongeschleppt hatte, um zu sterben, und dann von dem Luchs gefunden worden war, der sich als Aasfresser betätigte. Wissenschaftler in verschiedenen Staaten, die den Mageninhalt von Hunderten von Luchsen untersucht haben, fanden nur in sehr wenigen Überreste von Hirschen. Ein Biologe, Ed Harger in Michigan, folgte zu Fuß Luchsspuren über eine Entfernung von 885 km. Während dieser Zeit verzeichnete er nur vier Fälle, in denen Hirsche gerissen wurden. Einer war ein junges männliches Tier mit etwa 54 kg Gewicht. Die anderen drei waren Kälber.

Oben: Dieser prächtige Weißwedelhirsch, von dessen Sorte man unter einer Million Tieren einen findet, steht mit seinen fünfeinhalb Jahren in der Blüte des Lebens. Er wurde in Nordtexas während der Brunft fotografiert. Diese Körpergröße und solch ein Geweihwachstum sind das Ergebnis eines sehr gesunden Hirschmanagements. Links: Dieser Bock besitzt ein ungewöhnliches Geweih, das fast gerade nach oben und nur leicht zur Seite wächst. Es ist ein völlig gesundes Tier. Gegenüberliegende Seite: Diese Unterart des Weißwedelhirsches ist auf ein kleines Gebiet an der Küste von Washington beschränkt. Dieses Männchen, noch im Bast und mit einem Geweih, das wahrscheinlich vor dem Fegen noch mehr wächst, hat ein ungewöhnlich schönes Geweih.

DER MAULTIERHIRSCH

Viele der schönsten Tage, die ich erlebt habe, verbrachte ich damit, Maultierhirsche (*Odocoileus hemionus*) mit der Kamera zu jagen. Glücklicherweise lebten Peggy und ich lange Zeit in Montana und Wyoming, wo viele kapitale Maultierhirsche in großer Zahl leben. Und wir sind nicht weit weg von Colorado, Utah und Alberta, wo Maultierhirsche jeden Herbst schwere Geweihe bilden. Einige der Trophäen, die wir „geschossen" haben, sind auf diesen Seiten zu sehen.

Nicht alle unsere Jagden waren erfolgreich; in der Tat waren es viel zu viele. Ein Nachmittag auf dem steilen Death Canyon Pfad im Grand Teton Nationalpark ist mir besonders im Gedächtnis geblieben. Da es leicht regnete, waren unsere Kameras in wasserdichten Plastiktüten verpackt in unseren Rucksäcken, statt in unseren Händen, wo sie eigentlich hingehörten. Im Herbst sieht man auf diesem Weg häufig Wapitis, die vom Hochland in das nah gelegene „National Elk Refuge" ziehen. Wir haben selten viele Maultierhirsche in diesem speziellen Gebiet gesehen.

Nach etwa einer Meile begann der Regen in Schnee überzugehen, und wir hielten an und überlegten, ob wir zu unserem abgestellten Auto zurückkehren sollten. Da entdeckte Peggy den Maultierhirsch, der am Hang oberhalb von uns stand, etwa 50 bis 60 Meter entfernt, und uns mißtrauisch beobachtete. Er besaß ein äußerst hohes und schweres Geweih.

Dieser prächtige, typische Maultierhirsch hat die Wanderung von den Sommergebieten hoch in den Rocky Mountains von Alberta zum jährlichen Rendezvous mit den Weibchen in tiefer gelegenen Gebieten hinter sich. Eine dünne Schneeschicht bedeckt die Landschaft.

Begegnungen im Jasper Nationalpark

Einem großen Maultierhirsch begegneten wir unter haarsträubenden Umständen. Eines Abends gingen wir in einer Wohngegend in der Stadt Jasper, wo am meisten Aktivität im Jasper Nationalpark in Alberta, Kanada, herrscht, spazieren, als wir das große Tier in einem Vorgarten sahen. Plötzlich flog eine Tür auf, eine Dame kam herausgerannt, schrie und drohte dem Hirsch mit ihrem Mop. Daraufhin sprang der Maultierhirsch, der an den Sträuchern gefressen hatte, über einen weißen Holzzaun, und 200 Pfund Muskeln und Geweih landeten nur ein paar Meter vor uns auf dem Gehweg. Er rannte über die Straße und verschwand zwischen den leeren Güterwaggons auf den Abstellgleisen auf der anderen Seite. Natürlich haben wir den Hirsch nicht fotografiert, aber wir haben ihn genau genug gesehen, um zu erkennen, daß sein Geweih zu den größten gehörte, die wir je gesehen hatten. Übrigens haben einige Maultierhirsche ein hohes Alter erreicht, indem sie in den Gärten in Jasper jahrelang lebten. Manchmal ist es nur ein Waffenstillstand zwischen den Hirschen und den Menschen, aber meistens kommen sie gut miteinander aus.

Ich nestelte an meinem Rucksack herum, und es gelang mir tatsächlich, die Kamera herauszuziehen. Aber bevor ich ein größeres Teleobjektiv aufsetzen konnte, zog der Hirsch davon, drehte sich dabei noch nach uns um. Zu hektisch schoß ich noch einige Bilder, bevor das Tier in der Dunkelheit verschwand. Wir haben ihn nicht mehr gesehen, obwohl wir während der nächsten paar Tage in dieses Gebiet zurückkehrten.

Auf den entwickelten Bildern war der Hirsch viel zu klein und etwas unscharf abgebildet. Als sie auf die Leinwand projiziert wurden, zeigten die Dias aber den wahrscheinlich größten Maultierhirsch, den wir je gesehen hatten. Das Geweih hatte elf Enden, sechs auf einer und fünf auf der anderen Seite. Aber die Hauptstangen und Sprossen waren sehr dick und schienen sich 60 cm oder mehr über die Stirn zu erheben. Wir vergleichen heute noch alle Maultierhirsche, die wir „schießen“, mit dem vom Death Canyon.

Verbreitung

Maultierhirsche sind von der Baja California und der Sierra Madre in Nordmexiko bis zu den nördlichen Grenzen von Alberta und British Columbia verbreitet. Die Region an der Pazifikküste von Zentralkalifornien Richtung Norden bis Alaska ist von dem nahe verwandten Schwarzwedelhirsch besiedelt. Einige sehen den Schwarzwedelhirsch als Unterart des Maultierhirsches an, aber andere Wissenschaftler behaupten das Gegenteil. Der Vorfahre von beiden kann dem Pleistozän zugeordnet werden. Beide entwickelten sich zusammen mit dem Weißwedelhirsch aus demselben, schweineähnlichen Vorfahren des Pleistozäns.

Vor einem Jahrhundert schätzte der Naturschriftsteller Ernest Thompson Seton die Maultierhirschbestände, bevor die Europäer in Neuengland landeten, auf zehn Millionen. Aber viele Biologen heute zweifeln sogar daran, daß es nur halb so viele waren. Es ist interessant, daß Briefe und Zeitschriften von Pionieren des amerikanischen Westens ebenso wie Zeitungen, die während der frühen westlichen Besiedelung herauskamen, nur selten Maultierhirsche erwähnen. Alle beschreiben statt dessen die riesigen Bisonherden und in etwas geringerem Umfang die Antilopen, Wapitis und sogar die wilden Schafe, die einem Reisenden begegnen könnten. Es scheint fast, daß Maultierhirsche nicht in solcher Anzahl existierten, als daß sie jemanden dadurch beeindrucken konnten.

Wir wissen, daß die Ureinwohner des amerikanischen Westens viele Teile des Maultierhirsches verwerteten. Die Häute wurden mit Sehnen zu Hosen, Kleidern, Umhängen, Bettzeug, Trommelbespannungen und Mokassins zusammengenäht. Knochensplitter waren nutzlos. Obwohl das Fleisch als auch das Fett nicht so wertvoll erachtet wurde wie das von Büffeln, wurde es zweifellos immer verwertet. Vielleicht haben die Indianer auch einfach die Büffel bevorzugt, weil sie leichter zu erlegen waren. Auf alten, vergilbten Zeichnungen sieht man Maultierhirschgeweihe, die als Dekoration und als Werkzeug zum Herstellen von Pfeilspitzen aus Feuerstein dienten.

Größe und Aussehen

Maultierhirsche haben diesen Namen wegen ihrer Ohren, die viel größer sind als die ihrer Verwandten, den Weißwedelhirschen. An der Ohrgröße kann man die beiden am besten unterscheiden, wenn man ein Weibchen nur von vorne sieht. Die Form der Geweihe der Männchen ist auch unverwechselbar und unterscheidet sich von denen aller anderen Hirsche auf der Welt. Während das Geweih des Weißwedelhirsches aus zwei gegenüberstehenden Hauptstangen besteht, deren Sprossen nach oben und innen weisen, gabeln sich die Hauptstangen beim Maultierhirsch in zwei Sprossen, die sich wiederum in zwei weitere Enden gabeln.

Im allgemeinen sind die Geweihe von Maultierhirschen größer als von Weißwedelhirschen. Jedoch ist die Größe und Qualität der Geweihe nicht in allen Teilen ihres Verbreitungsgebietes gleich. In bestimmten Gebieten, wo ideale Bedingungen für Gesundheit und Wachstum herrschen, scheinen die schönsten Geweihe jedes Jahr gebildet zu werden. Manchmal sind diese Gebiete sehr klein. Nicht selten handelt es sich um unberührte Wildnis oder Schutzgebiete, wo mehr Männchen lange genug leben, um die maximale Geweihgröße zu erreichen.

Es gibt einige Verbreitungsgebiete im Westen, wo Maultierhirsche hohe Körpergewichte erreichen, aber Nährstoffmangel oder Erbschäden verhindern, daß die Geweihe entsprechend der Körpergröße ausgebildet werden. Im folgenden sind durchschnittliche Gewichte von Hirschen aus den nördlichen Rocky Mountains aufgeführt, die von einer Jagdkontrollstation vermessen wurden: Jährlinge, 56–58 kg; zwei Jahre alt, 76–79 kg; drei bis fünf Jahre alt, 90–95 kg; sechs Jahre und älter, 112 kg.

Maultierhirsche scheinen zu jeder Jahreszeit bessere Objekte zum Fotografieren zu sein, denen man sich mehr nähern kann als jeder anderen Hirschart außer dem Elch. Einige sind extrem mißtrauisch, aber die Erfahrung hat mich gelehrt, daß Maultierhirsche weniger argwöhnisch gegenüber Menschen sind als Weißwedelhirsche oder Wapitis. Das mag zumindest teilweise erklären, warum die Weißwedelhirsche sich immer mehr des Verbreitungsgebietes der Maultierhirsche im Westen bemächtigen. Einige Biologen fürchten, daß die Anzahl der Maultierhirsche in einigen Staaten so weit abgenommen hat, daß es Anlaß zu Sorge gibt. Die beste Gelegenheit für einen Fotografen, kapitale Hirsche zu finden, ist im Herbst, vorzugsweise im November, in den nördlichen Rocky Mountains zur Zeit der Brunft.

Fortpflanzung

Bezüglich des Wetters ist der Herbst nicht immer eine angenehme Zeit, um sich draußen aufzuhalten. Aber es ist die dramatische Zeit, wenn die Weibchen von den hochgelegenen Sommergebieten nach unten ziehen, um sich dort zu versammeln, wo der frühe Schnee noch nicht den Boden bedeckt. Die Paarungsbereitschaft stellt sich während der immer kürzeren und kälteren Tage ein und wirkt wie ein Magnet, der alle männlichen Tiere aus der Umgebung anzuziehen scheint. Die Brunft aktiviert die Duftdrüsen an den Hinterbeinen, und das hilft den paarungsbereiten Tieren auch, sich gegenseitig zu finden.

Für die nächsten zwei oder drei Wochen spielen die Geweihe der Böcke eine besonders bedeutende Rolle. Sie wollen damit die Weibchen beeindrucken und Rivalen einschüchtern. Die jüngeren Männchen, die noch nicht richtig beim Paarungswettbewerb teilnehmen, kabbeln sich häufig am Rand des Brunftplatzes. Aber man sieht selten größere Männchen, die in einen heftigen Kampf verwickelt sind. Große Männchen von etwa gleicher Größe kämpfen sicherlich, aber normalerweise nur kurz und, wie es scheint, nur als letzter Ausweg. Neuere Studien haben gezeigt, daß nur einige Böcke fast die gesamte Fortpflanzung übernehmen und daß ein Geschlechterverhältnis von einem Männchen zu etwa einem Dutzend Weibchen ausreichend, wenn nicht ideal für eine erfolgreiche Paarung ist. In einer genau beobachteten Herde in Alberta deckte ein einziges Männchen 17 Weibchen, die im folgenden Frühjahr 28 Kälber zur Welt brachten.

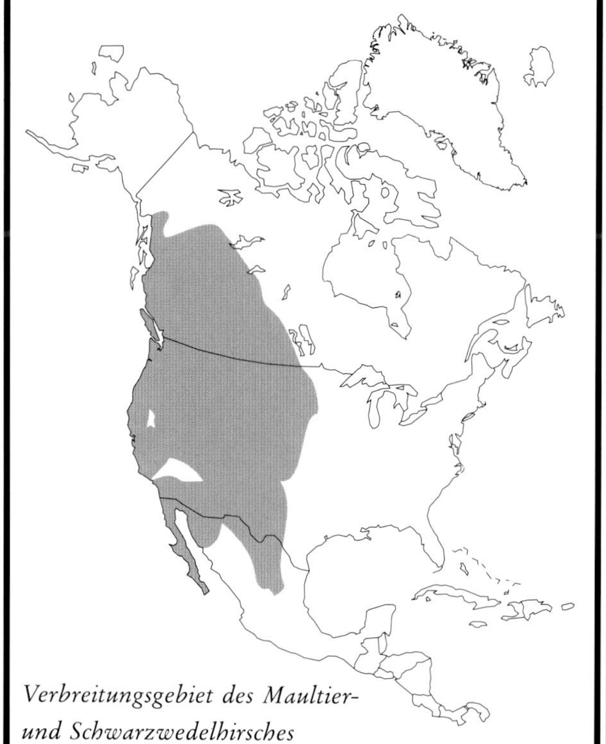

Verbreitungsgebiet des Maultier- und Schwarzwedelhirsches (Odocoileus hemionus)

Maultierhirsche werden mit einem bis eineinhalb Jahren oder in ihrem zweiten Herbst geschlechtsreif. Die Weibchen, die den ersten Winter nach der Brunft überleben, bekommen Ende Mai oder Anfang Juni ihre Kälbchen. Die erste Trächtigkeit der Weibchen führt meistens zu Einzelgeburten. Danach sind Zwillingsgeburten nicht selten, und in manchen Jahren in bestimmten Gegenden scheinen fast alle Weibchen Zwillinge zu bekommen. Häufig ist die Jungensterblichkeit ziemlich hoch: Wölfe, Bären, Vielfraße, Luchse und sogar Steinadler fordern ihren Tribut von den sehr jungen Tieren.

Aber nur selten sind Raubtiere ein wichtiger Faktor für Größe und Wohlstand einer Herde. Tatsächlich erzielen Freßfeinde eine positive Wirkung. Die Maultierhirsche und die Fleischfresser haben sich über die Jahrhunderte zusammen enwickelt, und die meiste Zeit haben letztere die schwächsten und am wenigsten lebensfähigen Kälber aus der Herde ge-

Oben: Der Rainy Pass entlang des Pacific Coast Trail im Okanagon National Forest in Washington ist Teil des Schwarzwedelhirschlandes.

Gegenüberliegende Seite: Im Frühherbst tauchen große Maultierhirsche aus den dunklen Wäldern auf, um Nahrung zu suchen, die allerdings weniger nährstoffreich ist als diejenige, die sie im Sommer gefunden haben.

schlagen. Der Lebensraum, insbesondere die Qualität des Wintergebietes, ist ein wesentlich ausschlaggebenderer Faktor für die Gesundheit und den Bestand der Maultierhirsche als die Raubtiere.

Was den männlichen Maultierhirschen nach der jährlichen Brunft widerfährt, ist ähnlich dem, was mit anderen Männchen aus der Hirschfamilie geschieht. Sie trennen sich von den Weibchen, um ein Einzelgängerdasein zu führen, oder schließen sich zu kleinen Junggesellengruppen zusammen. Paarung und Werbung haben sogar die kräftigsten und prächtigsten Männchen in armselige oder sogar ausgezehrte Verfassung gebracht. Sehr bald werden die Geweihe abgeworfen. Alle Hirsche haben einen guten Teil ihres Körpergewichtes verloren. Nun sind sie leichtere Opfer für Beutegreifer als zu jeder anderen Zeit. Berglöwen reißen besonders viele von ihnen. Im Winter werden leider viele Hirsche auf stark befahrenen Straßen getötet, während sie in tiefere Lagen wandern oder versuchen, dem tiefen Schnee zu entkommen.

In einem Winter fand ich eine einzelne Geweihstange neben dem Kadaver eines Maultierhirsches, der von einem schnell fahrenden Lkw in Wyoming überfahren worden war.

Ich vermaß es und war fassungslos. Wenn diese Geweihstange noch am Schädel gesessen hätte zusammen mit dem Gegenstück derselben Größe, wäre es das fünftgrößte, registrierte Maultierhirschgeweih gewesen.

Elf Unterarten des Maultierhirsches, *Odocoileus hemionus*, sind anerkannt. *O. h. cerrosensis* lebt nur auf einer kleinen Insel im Golf von Kalifornien, eine andere, *O. h. sheldoni*, nur auf einer Insel im Pazifik vor der Küste der Baja California. Zwei andere Unterarten, eher als Schwarzwedelhirsch statt als Maultierhirsch bekannt, haben große Verbreitungsgebiete an der nordwestlichen Pazifikküste. *O. h. columbians* ist von Kalifornien bis British Columbia verbreitet. *O. h. sitkensis*, der Sitkahirsch, streift durch die dichten, immergrünen Wälder an der Küste von Südostalaska.

Schwarzwedelhirsche

Die Lebensgeschichte der Schwarzwedelhirsche ist denen der anderen Maultierhirsche sehr ähnlich. Körperliche Unterschiede, die leicht zu entdecken sind, sind die den Weißwedelhirschen ähnlichen Schwänze, die auf der Außenseite völlig schwarz sind. Die Geweihform ähnelt auch eher denen der Weißwedelhirsche. Fast überall sind Schwarzwedelhirsche gegenüber Menschen und deren Aktivitäten scheuer als Maultierhirsche. Die Geweihe der Männchen sind viel kleiner: Die größten Geweihe von Schwarzwedelhirschen, die je vermessen wurden, würden noch nicht einmal in die Liste der rekordverdächtigen Maultierhirschgeweihe aufgenommen werden.

Wir haben einige interessante Begegnungen mit Schwarzwedelhirschen gehabt, jedoch kamen wir an zu wenige für gute Fotos nahe genug heran. Als wir einmal Seevögel auf einer kleinen Nebeninsel der Afognak Insel in Alaska fotografierten, entdeckten wir einen kleinen Sitkahirsch, der im eisigen Wasser der Shelikof Straße schwamm. Wir folgten ihm zum nahe gelegenen Strand, wo das Tier an Land ging und sofort zwischen den hohen, moosbewachsenen Bäumen verschwand. So ist es leider zu oft mit den Schwarzwedelhirschen.

Trotz ihrer Scheu, der Kunst, vor unseren Augen zu verschwinden, und ihrer Fortpflanzungsfähigkeit scheinen Schwarzwedelhirsche in ihrem Bestand abzunehmen. Das Roden der Wälder im Nordwesten mit solch sinnloser Schnelligkeit, das Bauen von Straßen durch Berglandschaften, die unberührt bleiben sollten, und die Ausbreitung der Vororte entlang der Pazifikküste sind dafür wahrscheinlich verantwortlich. Während Weißwedelhirsche mit der sich ausbreitenden Zivilisation zurechtkommen, sind Schwarzwedelhirsche dazu nicht so gut in der Lage. Außerdem sind sie nicht gerade die Lieblingstiere der Holzindustrie, weil sie manchmal die frisch gepflanzten Setzlinge auffressen. Den Hirschen die Schuld zu geben, ist ein Versuch, einen Teil der öffentlichen Kritik an den übermäßigen Abholzungen abzuwälzen.

Eine andere interessante Tatsache über Maultier- und Schwarzwedelhirsche (außer denen, die auf winzigen Inseln isoliert leben) ist, daß sie ihr Verbreitungsgebiet mit wenigstens einem und gewöhnlich mehreren anderen Mitgliedern der Familie der Hirsche ebenso wie mit einigen der Hornträger teilen. Von meiner Hintertür in Montana schaue ich beispielsweise auf die riesige Weite des Yellowstone Flußtales in der einen und auf das Absaroka-Beartooth Wilderness Gebiet in der anderen Richtung.

Dieses Porträt einer Maultierhirschkuh zeigt deutlich die großen Ohren, denen diese Art ihren Namen zu verdanken hat.

Wo sie noch vorkommen, sind Pumas oder Berglöwen wichtige Beutegreifer von (in der Reihenfolge ihrer Bedeutung) Maultierhirschen, Weißwedelhirschen und Wapitis. Erfahrene Katzen können Tiere töten, die viel schwerer als sie selbst sind. Sie sind ausgezeichnete Pirschjäger und sehr schnell. Wie andere Beutegreifer wurden sie immer erbarmungslos von den Menschen verfolgt und sind nirgends mehr wirklich häufig anzutreffen.

Berglöwen: elegante Beutegreifer

Während einer Reise in die Neue Welt vor etwas mehr als fünf Jahrhunderten berichtete Christoph Columbus von einem großen Löwen, den er an der Küste von Mittelamerika gesehen hatte. Das könnte die erste Sichtung von Felis concolor, dem Berglöwen oder Puma, durch einen Europäer gewesen sein. Ein Jahrhundert später fand Kapitän John Smith auch Pumas in Virginia und schrieb: „In diesem wilden Land leben Löwen, Bären, Wölfe, Füchse und Luchse." Holländische Siedler in Manhattan kauften Pumafelle von den Eingeborenen und glaubten fälschlicherweise, es wären die gleichen Tiere wie afrikanische Löwen. Spanische Kolonisten in Kalifornien und im Südwesten machten, kurz nachdem sie sich niedergelassen hatten, mit den Pumas Bekanntschaft. Aber die geschmeidige Katze, die einst von Küste zu Küste verbreitet war und in jeder Provinz und in jedem Staat (außer Hawaii und wahrscheinlich Alaska) bis nach Tierra del Fuego, der Südspitze Südamerikas, vorkam, gibt es heute nur noch in einem kleinen Teil ihres ursprünglichen Verbreitungsgebietes. Pumas sind in geringer Anzahl von British Columbia und Alberta über die westlichen USA bis nach Nordmexiko verbreitet. Hier leben sie in immergrünen Wäldern und auf verschneiten Bergwiesen ebenso wie in den nahezu wasserlosen Tälern von Utah, Westtexas und Arizona. Ein Restbestand von weniger als fünfzig Tieren hält sich noch in Florida.

Von allen nordamerikanischen Beutegreifern besitzt keiner eine heimlichere Lebensweise als der Puma. Er ist im allgemeinen (außer während der Paarungszeit) so leise und so flink auf seinen weichen, gepolsterten Pfoten, daß er sich in jeder Umgebung praktisch in Nichts auflösen kann. Alle Sinne des Pumas, besonders der Gesichtssinn, sind gut entwickelt. Erwachsene Tiere besitzen kräftige Kiefer mit 2,5–4 cm langen Reißzähnen.

Vieles von dem, was wir heute über Pumas wissen, haben wir einer langen und schwierigen Untersuchung durch den Biologen Maurice Hornocker zu verdanken. Während eines Projektes, das drei volle Winter in der verschneiten Wildnis von Nord-Idaho in Anspruch nahm, wanderten Hornocker und sein Assistent, Wilbur Wiles, Hunderte von Meilen in tiefem Schnee durch die rauhe Landschaft und lebten praktisch mit den Berglöwen. Die beiden Männer fingen, betäubten, markierten und untersuchten gründlich 46 verschiedene Katzen, viele von ihnen über einen langen Zeitraum, um zu lernen, wie sie leben. Von denjenigen, die mit einem Radiosender ausgestattet waren, erfuhren Hornocker und Wiles, daß Männchen Einzelgänger sind und Weibchen auch, wenn sie keine Jungen haben.

Andere Entdeckungen von Hornocker sind äußerst erstaunlich. Während er ein 47 kg schweres Weibchen beobachtete, das noch zwei 18 Monate alte Junge, die so groß wie es selber waren, versorgte, erlegte die Mutter neben anderen Tieren zwei Sechsender-Wapitis, um ihre Familie zu ernähren. Jeder dieser Hirsche wog sechs- bis siebenmal mehr als der Puma. Das ist nicht nur ein Beweis für die Fähigkeit zu töten. Es sagt uns auch etwas über das Beutetier.

Die meisten Vertreter aus der Familie der Hirsche sind besonders durch Raubtiere gefährdet, wenn sie entweder sehr jung oder sehr alt und gebrechlich sind. Männchen, die zum Ende der Brunft stark geschwächt sind, sind auch hochgradig gefährdet. Derselbe starke, selbstsichere Hirschbulle, der im September keine Angst vor einem Puma hat, fällt ihm von Januar bis April eher zum Opfer als die Kühe, mit denen er sich im Herbst gepaart hat. Tagein, tagaus sind jedoch in ihrem westlichen Verbreitungsgebiet die Maultierhirsche an erster und die Weißwedelhirsche an zweiter Stelle die Hauptnahrung für Pumas. Hornocker fand heraus, daß die leichteste Beute den größten Teil der Nahrung des Pumas ausmacht. In der Tat waren 75 Prozent aller Wapitis und 62 Prozent aller kleineren Hirsche, die von den Katzen in Idaho erlegt wurden, weniger als eineinhalb oder mehr als neun Jahre alt.

Dort findet man bei einer Wanderung an einem Wintertag die abgeworfenen Geweihe von Weißwedelhirschen, Wapitis und Elchen ebenso wie von Maultierhirschen. Wir haben Schwarzwedelhirsche im Olympic Nationalpark in Washington fotografiert, nicht weit entfernt von einer kleinen Herde von Bergziegen und den röhrenden Wapitis im Hintergrund. In der Nähe des Medicine Lake im Jasper Nationalpark in Alberta sahen wir an einem Herbstnachmittag Karibus, Wapitis und Maultierhirsche gleichzeitig. Im Yellowstonepark trifft man Wapitis und Elche fast überall dort an, wo auch Maultierhirsche sind. Mehr als einmal im Hochsommer, als ich Dickhornschafe über Bergwiesen und steile, felsige Gebiete verfolgte, war ich überrascht, große Maultierhirsche von ihren Lagerplätzen hoch oben im Gebirge aufzustöbern. Obwohl es nicht allgemein bekannt ist, gehören Maultierhirsche trotz ihres (verglichen mit Weißwedelhirschen) etwas unbeholfenen Ganges zu den trittsichersten großen Vertretern im Tierreich.

Ich mag Maultierhirsche aus verschiedenen Gründen wie ihrer Zugänglichkeit und ihrer Schönheit. Aber vielleicht schätze ich sie am meisten, weil sie Peggy und mich an die schönsten Plätze, die wir je durchwandert haben, ob mit oder ohne Kamera, gebracht haben.

Oben: Ein Maultierhirsch versucht die Witterung eines paarungsbereiten Weibchens aufzunehmen. Links: Dieser prächtige Maultierhirsch hat im Oktober den gesamten Bast von seinem Geweih gefegt und wird bald mit der alljährlichen Suche nach den Weibchen und der Werbung beginnen. Kurz nachdem dieses Foto gemacht wurde, schloß er sich anderen Junggesellen an, prüfte die Luft auf weibliche Düfte (Flehmen), trank an einem Bergsee und fraß reife Wildkirschen. Am Ufer hatte er kurzzeitig Gesellschaft von einem Spießbock.

Gegenüberliegende Seite oben: Dieses Männchen befindet sich in der Vorphase der Brunft – es schlägt und kämpft mit jungen Bäumen und Sträuchern, poliert sein Geweih, markiert und setzt Duftmarken. Die Hälse von allen brünftigen Böcken schwellen zu fast doppelter Größe an. Gegenüberliegende Seite unten: Kämpfen – Gerangel mit dem Geweih – ist ein herbstliches Ritual für Maultierhirsche, besonders jüngere, um die Rangordnung unter den geschlechtsreifen Tieren festzulegen. Die größten Männchen dominieren gewöhnlich schon durch einfaches Präsentieren ihres Geweihes, ohne zu kämpfen. Oben: Diese Maultierhirschböcke sind nun mit der Werbung beschäftigt. Sie wittern (flehmen), nehmen Spuren auf und finden schließlich paarungsbereite Weibchen. Einige Wochen lang sind sie ununterbrochen damit beschäftigt. Rechts: Untersuchungen haben gezeigt, daß nur wenige Böcke fast die gesamte Fortpflanzung übernehmen. Dieser ist vermutlich müde von der „Tortur".

Oben: Männliche Schwarzwedelhirsch-Zwillingskälbchen verbringen einen Sommer zusammen an den Hängen des Olympic Nationalparks in Washington. Ihre Spießgeweihe sind mit Bast überzogen. Links: Es ist zeitiger Winter, die Brunft endet bald; der erste Schnee ist gefallen, und die Maultierhirsche sind vorbereitet, die Hungermonate möglichst gut zu überstehen. Die Fettreserven sind erschöpft, und die Tiere sind nun am meisten durch Raubtiere, besonders Pumas, gefährdet. Gegenüberliegende Seite: Jetzt, da die Brunft vorüber ist, ruhen die Männchen oder suchen nach Nahrung, um das verlorene Gewicht wiederzuerlangen. Weibchen sind im allgemeinen in besserer Verfassung, um den immer tiefer werdenden Schnee zu überstehen. Gelegentlich treffen sich Maultierhirsche in winterlichen Gärten wie hier in Nordwestwyoming.

Oben: Ein Schwarzwedelhirsch noch im Bast streift durch die üppigen, grünen Küstenwälder im nordwestlichen Washington. Rechts: Diese Schwarzwedelhirschkuh verbringt die Sommermorgen knietief in Lupinen und anderen Wildblumen am Hurrican Ridge im Olympic Nationalpark in Washington.

ERHALTUNG UND ZUKUNFT

Im Oktober 1993 wurden zwei große Wapitibullen im Yellowstone Nationalpark in Wyoming während der Brunft getötet, als die Tiere völlig ungeschützt waren. Fotografen fanden die verwesenden Kadaver, deren Geweihe entfernt worden waren, und die Täter liefen frei herum. An einem späten Winterabend ertrank ein Wilderer, als er versuchte, ein Schlauchboot voll mit Geweihen auf dem Yellowstone Fluß aus dem Park zu schmuggeln.

Während wir an unserem Buch „Weißwedelhirsche“ arbeiteten, lernten Peggy und ich einiges über Wilderer und über ganze Organisationen von Geweihdieben, die mit kapitalen Geweihen von Ranchen in Süd- und Westtexas entkamen. In einem sehr publik gewordenen Fall wurden neun Texaner schließlich gefaßt, die große Weißwedelhirsche vom Hubschrauber aus abschossen. Niemand weiß genau, wie viele Trophäen sie zusammenbekommen haben. Der Hubschrauber im Wert von 75 000 Dollar wurde beschlagnahmt, aber sonst wurden die Wilderer nicht sonderlich behelligt. In einigen Bezirken in Texas, die für ihre Weißwedelhirschtrophäen bekannt sind, die von Einzelpersonen oder Gruppen gewildert werden, herrschen Zustände wie bei kleinen Guerilla-Kriegen.

Wilderei ist ein ernstes Problem, solange die Trophäenjagd besteht. Dieser prächtige Wapitibulle, hier im Bast, verschwand aus dem Yellowstone Nationalpark, kurz nachdem der Bast gefegt worden war. Die Wahrscheinlichkeit, daß er von einem Wilderer getötet wurde, ist groß.

Auf den Spuren eines Wilderers

Anfang 1991 wurde der Naturfotograf Scott Carpenter in einem Magazin auf Fotos von einem gewissen Donald E. Lewis aufmerksam, der vor der Trophäe eines Maultierhirsches mit einem mächtigen Geweih, den er geschossen hatte, posierte. Die Bildunterschrift besagte, das Bild (und der Hirsch) waren in Montana geschossen worden, aber Carpenter dachte, die Gegend würde eher wie die rote Sandsteinlandschaft in der Nähe von Kanab in Utah, wo er lebte, aussehen. Diese Gegend ist bekannt für die kapitalen Maultierhirsche. Später begegneten Carpenter und sein Freund Ryan Hatch, ein anderer Fotograf, durch einen unwahrscheinlichen Zufall Lewis im Süden von Utah.

Gleichzeitig fanden sie auch auf einmal verlassene Kadaver von kürzlich getöteten Hirschen, von denen allen die Geweihe in derselben ritualisierten Art vom Kopf abgetrennt worden waren. Die Fotografen zählten zwei und zwei zusammen und beschlossen, Lewis zu beschatten. Ryan Hatch folgte ihm sogar auf einem Jagdausflug nach Arizona.

Im November bemerkten die staatlichen Jagdaufseher von Utah einen verdächtigen Pick-up-Lastwagen direkt außerhalb vom Zion Nationalpark. In der Nähe hatten sie mehrere Hirschkadaver, bei denen die Geweihe fehlten, gefunden. Als die Polizei Lewis bei dem Versuch wegzufahren festnahm, fanden sie frische Hirschgeweihe in dem Fahrzeug, von denen Lewis behauptete, er habe sie in Arizona nicht weit südlich legal erlegt. (Später konnte der Fotograf Hatch bezeugen, daß Lewis keinen Hirsch in Arizona geschossen hatte.) Aber weitaus wichtiger als die Geweihe waren sechs Videobänder und handschriftliche Notizen, die man auch in dem Pick-up fand. Sie ließen erkennen, daß Lewis seit mindestens zehn Jahren kriminell war und Geweihtrophäen ganz gleich in welchem Staat der Rokky Mountains auch immer erlegte.

1991 gestand Lewis, 39 Jahre alt, gebürtig aus Alabama, vor den Untersuchungsbeamten, daß er bloß sein Ansehen als der Welt bester Trophäenjäger mit dem Bogen aufbauen wollte. Dabei war er sehr erfolgreich. Wegen seiner traurigen Berühmtheit stand er 1990 auf der Gehaltsliste der Werbeabteilungen von Firmen, die Gewehre, Bogenausrüstungen, Kleidung, Jagdzubehör und Pfeile verkauften. Ein Bogenschützen-Magazin bezeichnete ihn als „Mr. Big Bucks" (Mr. Großhirsch), der schon 22 rekordverdächtige Maultierhirsche getötet hatte. Er wurde in Katalogen für Jagdzubehör abgebildet. Lewis erhob Anspruch darauf, Rekord-Trophäen von Maultierhirschen in jedem der drei Staaten Montana, Wyoming und Idaho in zwei aufeinanderfolgenden Jahren erlegt zu haben.

Untersuchungen nach seiner Verhaftung stellten die meisten seiner Ansprüche in Frage. Eine Durchsuchung der Aufzeichnungen zeigte, daß er für einige der Staaten, in denen er angeblich so erfolgreich war, keine Jagdlizenzen besaß. Anstatt Pfeil und Bogen waren bei einigen der angeblich mit dem Bogen erlegten Trophäen Gewehre benutzt worden. Lewis hatte geplant, einen Alaska-Elch zu schießen und ihn dann nach Wyoming zu schaffen, wo er ihn als einen enormen Shiras-Elch ausgeben konnte, eine Unterart, die von der Erbanlage her kleiner als der Alaska-Elch ist. Die meisten, wenn nicht alle, der großen Wapitis, die er geschossen hatte,

In Wirklichkeit ist kein Gebiet, in dem geweihtragende Tiere leben, vor solcher Art von Aktivitäten sicher. In der Mitte der 80er Jahre verbrachten Peggy und ich einen kalten, aber aufregenden Winternachmittag damit, einen außerordentlichen Elchbullen im Grand Teton Nationalpark in Wyoming zu fotografieren. Er äste in Sichtweite der Jackson Lake Lodge. Das Tier war vor Ort gut bekannt, und andere Leute mit Kameras waren auch anwesend und verschossen eine Menge an Filmen. Bei Sonnenuntergang fuhren wir heim nach Teton Village. Entlang einer schmalen Nebenstraße innerhalb des Nationalparks entdeckten wir einen Wapitibullen, der ebenso beeindruckend war wie der Elch, den wir gerade verlassen hatten. Seine Silhouette zeichnete sich auf einem niedrigen Bergkamm direkt oberhalb der Straße ab. Wir markierten die genaue Stelle und planten, am nächsten Morgen zurückzukehren, wenn es zum Fotografieren hell genug sein würde.

Wir hätten uns darüber nicht den Kopf zerbrechen müssen. Kurz nach Sonnenaufgang kehrten wir zurück, der Wapitibulle war aber nicht dort. Statt dessen fanden wir blutgetränkte Erde, wo er in der Nacht geschossen und den Hang hinuntergezogen worden war und wo wahrscheinlich ein Lastwagen auf der Straße gewartet hatte. Fehlende Mittel für regelmäßige Patrouillen und Polizeikräfte haben so etwas zu häufig auftretenden Ereignissen im Grand Teton Nationalpark werden lassen.

Aber die Geschichte geht weiter. Im nächsten Jahr erschien derselbe Elchbulle, den wir fotografiert hatten, an derselben Stelle in der Nähe der Jackson

waren im Yellowstonepark erlegt worden, wo seit einem Jahrhundert das Jagen verboten ist. Lewis begann seine Wilderer-Karriere dort 1983 und wilderte jeden Herbst bis 1991. Über Jahrzehnte strömten jeden September Fotografen und begeisterte Naturliebhaber in den Yellowstonepark, um Zeuge der jährlichen Wapiti-Brunft zu werden. Hier präsentierten sich und röhrten majestätische Hirschbullen, die kaum Angst vor Menschen hatten, auf offenen Wiesen, um morgens bei herrlich strahlendem Wetter um die Weibchen zu werben. Es ist – oder war – eines der spektakulärsten Naturerlebnisse in Nordamerika. Ein Gebiet, wo man die Wapitis immer besonders gut beobachten konnte, befand sich entlang des Indian Creek in der Umgebung eines Campingplatzes, der zu Beginn der Brunft geschlossen wurde. Über mehrere Jahre hinweg habe ich beobachtet, und andere Tierfotografen stimmten mir zu, daß die Wapitis vom Indian Creek immer scheuer geworden sind und 1991 überhaupt nur noch selten dort gesehen wurden. Es ist heute fast unmöglich, sich einem Wapiti in dieser Gegend zu nähern.

Kein Wunder: Don Lewis hatte dort neun Jahre lang gejagt, ohne von der Öffentlichkeit und den Parkrangern bemerkt zu werden. Er hatte damit begonnen, als sogar die Operation „Trophykill", eine drei Jahre dauernde, verdeckte Ermittlung gegen Wilderer in der Gegend um Yellowstone, durchgeführt wurde. (Übrigens wurden durch „Trophykill" 50 Wilderer gefaßt. Ihre Strafe betrug im Jahr 1984 insgesamt 128 138,– Dollar und 51 Jahre Gefängnis.)

Eines der belastenden Videobänder, die von Jagdaufsehern in Utah in Lewis' Pick-up gefunden wurden, zeigen Lewis und Arthur Sims, auch aus Alabama, wie sie 13 Wapitis mit Pfeil und Bogen in der Nähe des Indian Creek Campingplatzes schossen, einige aus nur sechs Meter Entfernung. Neun der Wapitis starben. Einen sieht man davontaumeln mit Pfeilen, die in seinem Leib steckten. Das Fleisch der Tiere wurde nicht geborgen. Die größten Geweihe wurden nach Dunkelheit eingeladen und nach Alabama verschifft. Lewis und Sims wollten den Videofilm vermarkten als Anleitung, wie man kapitale Hirsche erlegt. Weder Sims noch Lewis standen je vor Gericht. Sie verhandelten schriftlich über dieses Vergehen und jeder zahlte 15 000 Dollar Strafe für das Wildern von Wapitis in einem Nationalpark in nur einem Fall. Lewis mußte in Utah eine Gefängnisstrafe verbüßen, weil er dort Maultierhirsche gewildert hatte. Niemand weiß genau, wie viele herrliche geweihtragende Tiere er und sein Freund getötet haben. Der Feuilletonist Michael Milstein von der „Billings Gazette" (Montana) mußte sich auf das Recht der freien Meinungsäußerung berufen, um Material für einen Artikel zu erhalten, der diese Verbrechen in seiner Zeitung offenlegen sollte. Der Oberstaatsanwalt in diesem Fall, Richard Stacy, glaubte nicht, daß eine „Straftat an Wildtieren" eine höhere Strafe erforderte. Er klagte Lewis auch überhaupt nicht wegen Verschiffens von illegal erlegten Wildtieren in andere Staaten an, was nach dem Bundesgesetz ein schweres Verbrechen ist.

Es wäre erfreulich zu wissen, daß Don Lewis aus dem Geweihgeschäft raus ist und nicht mehr wildert. Natürlich ist es nicht so. Und wie die Operation „Trophykill" gezeigt hat, war er nicht der erste, der gegen das Jagdgesetz verstoßen hat.

Lake Lodge, dieses Mal mit einem noch mächtigeren Geweih. Tausende von Besuchern beobachteten ihn fast täglich. Der Elch schenkte den Menschen, die sich mit ihren Kameras näherten, wenig Beachtung. Dann im Spätherbst, als die Sommergäste fort waren, erschoß ein Bogenschütze den Elch, entfernte das Geweih und veschwand in der Nacht, nur den Kadaver zurücklassend.

Polizeikräfte, die fast ständig überlastet sind, bestätigen, daß 90 Prozent oder mehr aller Wilderer nie gefaßt werden. Aber in diesem Fall machte der Mörder zwei Fehler. Zuerst nahm er seine gravierte Armbanduhr ab und hing sie an einen Busch, während er das Geweih ablöste, und vergaß, sie wieder aufzusetzen, als er davoneilte. Ranger fanden sie dort. Später meldete er das Geweih bei dem jährlichen Wettbewerb des „Pope and Young Club" an. Das war Fehler Nummer zwei. Er wurde sofort geschnappt. Hunderte von Fotos von dem lebenden Elchbullen im Nationalpark waren geschossen worden, und sie zeigten exakt das Geweih von diesem Wettbewerb.

Die Polizei ist überzeugt, daß das Wildern von verschiedenen Tierarten in den Rocky Mountains in Kanada und den USA allein ein Geschäft von über einer Milliarde Dollar ist. Ein großer Teil stammt aus dem Verkauf von Bärengallenblasen und mit Bast bedeckten Wapitigeweihen an Händler im Fernen Osten. Es gibt auch einen Markt für stattliche Dickhornschafköpfe und andere Hörner. Der Rest stammt aus dem Erlös von Geweihen. Ein deutscher Jäger zahlte 25 000 Dollar in bar für ein Wapitigeweih, von dem man glaubt, daß es aus dem Jasper National-

park in Alberta stammt. Eine Reihe von großartigen Wapitibullen, die lange im Umkreis von wenigen Meilen von der Stadt Jasper entfernt lebten, sind auf mysteriöse Weise verschwunden.

1992 wurden gewilderte Wapitigeweihe abhängig von Größe und Schönheit für Beträge zwischen 5000 und 12 000 Dollar gehandelt. Rekordverdächtige Weißwedelhirschgeweihe, vermutlich die begehrtesten Geweihe in Nordamerika, brachten zwischen 25 000 und 50 000 Dollar ein. (Diese Angaben stammen vom „U. S. Fish and Wildlife Service" und vom „Montana's Department of Fish, Wildlife and Parks".)

Aber so schrecklich es ist, der enorme Tribut, den die Wilderei bei den Wildtieren fordert, ist nicht Jahr für Jahr der schlimmste begrenzende Faktor für große, gesunde, geweihtragende Hirsche. Das Entscheidende – was *wirklich* zählt – ist die Qualität der Lebensräume in Amerika und der ganzen Welt.

Es gibt zahlreiche Maßnahmen, die wir möglichst bald ergreifen sollten, um unsere großen Tiere ebenso wie Schmetterlinge und Käfer, Eichhörnchen, Spechte, Stachelschweine und alle anderen, die das Land mit ihnen teilen, zu retten. Zuerst müssen wir jegliche unberührte Wildnis, die es noch irgendwo gibt, streng schützen. Dazu gehören Feuchtgebiete und Prärien ebenso wie bewaldete Berge im Westen. Wir müssen die Weiderechte für öffentliche Grundstücke hinterfragen und fast auf allen den Viehbestand reduzieren, während die Gebühren für deren Nutzung erhöht werden müssen. Die Anwendung von Pestiziden und die Vergiftung von Beutegreifern auf öffentlichem Land muß gestoppt werden. Die Abholzpolitik in den Staatswäldern muß hinterfragt und die Menge der abgeholzten Bäume muß drastisch reduziert werden.

Denken wir nur an ein Beispiel in Montana, wo über eine lange Zeit Umweltschützer davor gewarnt haben, daß die Holzfirmen die Bäume weit schneller abholzen, als sie wahrscheinlich nachwachsen könnten. Zwei der größten Holzfirmen, „Champion International" und „Plum Creek" stritten dies ab und machten ihren politischen Einfluß geltend, um die Verabschiedung von Gesetzen oder Vorschriften zu verhindern, die sie auch nur im geringsten behindert hätte. Heute sind riesige Gebiete von Nordwestmontana gerodet, öde und erodiert. Champion schloß seine Sägewerke, entließ die Arbeiter und ließ alles stehen und liegen. Die Firmen hinterließen in dem einst grünen, bewaldeten Gebiet ein totales Desaster.

Traurigerweise spielt sich dasselbe Szenario von Kalifornien nordwestwärts bis nach Alaska ab. Heute denken wir, daß die tropischen Regenwälder in Brasilien und Südostasien auf der Erde am meisten ausgebeutet werden. Aber ich habe niemals Wälder gesehen, die so vollständig und brutal gerodet wurden wie in British Columbia und Teilen von Südostalaska.

Zuviel des Guten

Woanders unterscheidet sich die Problematik erheblich. In Teilen der östlichen USA ist einer der größten Erfolge im Bereich des Wild-Managements plötzlich ins Negative umgeschlagen. Zu Anfang des 20. Jahrhunderts waren die Bestände der Weißwedelhirsche in den östlichen USA sehr gering, und in jedem Staat von Georgia bis nach Maine wurden Programme eingeführt, um die Herden für die Jagd zu vergrößern. Heute in den frühen 90er Jahren haben die Hirsche Rekordzahlen erreicht, möglicherweise sind es fünfmal so viel pro unkultiviertem Land als zu der Zeit, in der die Siedler aus Europa ankamen. Heute haben wir in einigen Gegenden solch eine Überbevölkerung, daß die Hirsche den Waldwuchs behindern und die Vielfalt von vielen Pflanzen- und Tierarten vermindern. Die Schäden für die Landwirtschaft sind erheblich. Der Hirsch ist auch eine teure Plage in vielen Vororten.

Aber dieses Problem kann behoben werden, und zwar sehr schnell. Was wir brauchen sind längere, freiere Jagdzeiten, wodurch die Population der möglichen Kapazität der Landschaft angepaßt wird. Die meisten Biologen stimmen zu, daß solch eine Reduzierung auch allmählich die durchschnittliche Geweihgröße steigern würde, da mehr und bessere Nahrung für jeden Hirsch zur Verfügung stehen würde.

Geweihe sind wie Gesundheitszustand und Anzahl der Tiere, die sie tragen, ein untrügliches Zeichen für die Qualität des Landes. *Unseres* Landes.

Trophäen-Wilderer bei ihrer Arbeit im Yellowstonepark wurden von Rangern verscheucht, nachdem sie nur die eine Geweihstange dieses Bullen entfernt hatten. Der Kadaver wurde zurückgelassen.

Oben: Voraussetzung für gute Hirschbestände ebenso wie für ein kräftiges Geweihwachstum bei den Männchen ist eine saubere Umwelt, die den Nahrungsbedarf das ganze Jahr über deckt.

Gegenüberliegende Seite: Waldbrände wie dieses massive Feuer im Yellowstonepark 1988 können den Lebensraum erheblich verändern, sowohl zum Guten als auch zum Schlechten. Zunächst können sie die von den Geweihträgern dringend benötigten Wintergebiete zerstören – und viele können verhungern, wie es im Yellowstonepark geschah. Aber mit der Zeit wächst mehr Nahrung als benötigt heran.

„Guter Junge“

Jeden Herbst riskieren zahlreiche Männer bei der Verfolgung von Wilderern ihr Leben. Ein typischer Vertreter ist Roy Burke vom „Fish, Wildlife and Parks Department“ in Montana. Dort sind die großen Wildtiere und die unberührte Natur ein Magnet für Wilderer. Bei dem Versuch, sie zu fassen, hat Burke viel Zeit in Saloons und anderen düsteren Orten verbracht und sich als Führer auf Jobsuche, als Geschäftsmann, der einen Handel machen will, als Sportjäger aus einem anderen Staat oder sogar als abtrünniger Wildhüter ausgegeben. Um seine Identität zu verschleiern, hat er sich verschiedene Bärte wachsen lassen, färbte seine Haare und versuchte, seinen westlichen Akzent zu verändern. Als Ergebnis hat er fast alles, was mit Wilderern und illegalem Tierhandel zu tun hat, gesehen. Eines Nachts wurde er von sechs jungen Männern überfallen, die alle anscheinend mit Drogen vollgepumpt waren und ihn, wie er befürchtete, erkannt hatten. Aber so war es nicht – sie dachten, er wäre ein Drogenfahnder. Sie wollten ihn umbringen, aber irgendwie konnte er ihnen entkommen.

Ein von einem Elchbullen abgeworfenes Geweih. Wenn das Tier den Winter überlebt und entsprechende Nahrung im Sommer findet, kann es im Spätherbst sogar ein noch größeres Geweih abwerfen.

FOTOS ALS TROPHÄEN

Die meisten Bilder in diesem Buch wurden in Landschaften aufgenommen, die für die Öffentlichkeit zugänglich sind, insbesondere in Wildschutzgebieten, Nationalparks und -wäldern und State Parks, wo kaum oder gar nicht gejagt wird. Es ist extrem schwierig, manchmal sogar unmöglich, sich dort, wo gejagt wird, einem Hirsch auf einen zum Fotografieren geeigneten Abstand zu nähern. Die einzige Ausnahme sind einige der Aufnahmen von Weißwedelhirschen, die auf Privatgelände aufgenommen wurden, wo besonders große Hirsche gehalten werden.

Zusammengenommen repräsentieren die Fotos etwa zwanzig Jahre in der Natur und die Entwicklung von ungefähr 1200 bis 1500 Filmen. Wir haben Hirsche bei gutem und schlechtem Wetter, in der Hitze und in eisiger Kälte, vom Auto und vom Kanu aus, auf Schneeschuhen und Langlaufskiern, beim Klettern und Waten, aber meistens bei ständigen Wechseln zwischen Wandern und Warten fotografiert. Bei zahlreichen Gelegenheiten haben wir (oder ein Begleiter) es geschafft, daß die Tiere durch Klappern mit Geweihstangen, Grunzen, Röhren oder die Verwendung von Duftstoffen näher gekommen sind. Murry Burnham von Marble Falls in Texas war uns eine unersetzliche Hilfe beim erfolgreichen Anlocken von Wildtieren. Denken Sie daran, daß Köder auslegen, Klappern mit Geweihstangen oder die Verwendung anderer Lockmittel in Nationalparks streng verboten ist.

Ein kapitaler Weißwedelhirsch – eine hervorragende Foto-Trophäe.

Kameras und Filme

Alle unsere Bilder wurden mit einer Kleinbild-Spiegelreflexkamera mit Motor gemacht. Etwa die Hälfte (die älteren) wurden mit manuellen Objektiven, die neueren mit Autofocus-Objektiven aufgenommen. Wir verwenden eine Reihe von Objektiven: ein Zoom 35–80 mm vorwiegend für Landschaftsaufnahmen; ein Zoom 80–200 mm für bestimmte Szenen und die weniger scheuen Tiere; Teleobjektive von 300 mm, 400 mm und 600 mm Brennweite für die meisten Tieraufnahmen. Mit den drei Teleobjektiven benutzen wir auch ein Stativ, um das Gewicht besser halten zu können. Statt eines Statives mit Kugelgelenk, das lange Zeit für Tierfotografen als das beste galt, haben wir kürzlich auf einen Wimberley-Kopf umgestellt (siehe Adresse in „Organisationen"), der wesentlich besser bei sich bewegenden, unruhigen Objekten ist.

Wir haben alle Diafilme, die es auf dem Markt gibt, in den letzten zwanzig Jahren ausprobiert, und tun es noch: mit hoher, mittlerer und geringer Empfindlichkeit. Trotz der angepriesenen Verwendbarkeit und zahlloser Testberichte ist keiner von ihnen für alle Bereiche oder noch nicht einmal für die meisten Tier- und Naturfotos geeignet. Wenn wir also ernsthaft Aufnahmen machen, verschießen wir verschiedene Arten von Filmen.

Peggy und ich arbeiten die ganze Zeit eng zusammen, aber fotografieren von leicht unterschiedlichen Winkeln, Entfernungen und Perspektiven aus. Die Zusammenarbeit ergibt viele Vorteile, nicht zuletzt die enge Verbundenheit. Lange Zeit konnten wir nicht genau sagen, wer welches Foto geschossen hat, und verschwendeten auch keine Zeit dafür, dieses zu klären.

Fahrzeuge

Bei der Tierfotografie, egal wo und bei welchen Tieren, ist die andere Ausrüstung ebenso wichtig wie die Kameraausstattung. Wir reisen in einem kleinen Wohnmobil, das unser „Jagdlager" ist, wo wir auch parken. Es besitzt ein Klappbett, einen kleinen Kühlschrank, einen Propankocher und Stauraum, der groß genug ist für eine übermäßige Fotoausrüstung. Indem man in der Nähe oder zwischen den Zielobjekten übernachten kann, können wir leicht vor Tagesanbruch aufstehen und so das schönste, beste Licht des Tages nutzen. Es ermöglicht uns auch, am Abend bis zu den letzten Strahlen der untergehenden Sonne zu verweilen, der unsere Objekte in goldenen Glanz taucht.

Unterwegs konnten wir bei den Campingplätzen keine bessere Wahl treffen als die KOA, Kampgrounds of America. Ihr hoher Standard bietet dem Camper sichere, saubere, attraktive Umgebungen und den Luxus einer heißen Dusche. Eine Auflistung dieser Campingplätze ist für drei Dollar zu haben (siehe Adresse in „Organisationen").

Kleidung

Man darf die Bedeutung von richtiger Kleidung und Schuhzeug nicht unterschätzen – Sie können sich niemals auf Ihr Objekt konzentrieren, wenn Sie vor Kälte zittern. Wir haben die besten und wärmsten Sachen griffbereit in unserem Wagen: Hosen, Mützen, Handschuhe und Jacken in Outdoor-Geschäften erhältlich (Ausrüster der Autoren siehe „Organisationen").

Diese Sachen sind unschlagbar, wenn man bei Temperaturen unter null Grad fotografiert. Sowohl Hosen als auch Jacken besitzen viele sichere Taschen, um Filme und Filter sowie Taschentücher, Autoschlüssel und alle anderen benötigten Kleinteile unterzubringen. Für zusätzliche Objektive und größere Dinge gibt es passende Rucksäcke. Das Gewebe besteht aus zweischichtiger Kammgarnwolle, die warm, robust, weich, bequem und draußen geräuschlos (anders als viele Synthetikmaterialien, die rascheln und glänzen) ist. Wolle ist wasserabweisend, aber warm, sogar wenn sie feucht ist. Wir können im Schnee sitzen oder sogar liegen, um aus einem tiefen Winkel Bilder zu schießen, ohne zu frieren. Das unregelmäßige Tarnmuster paßt sich dem Hintergrund an und hilft einem, unentdeckt zu bleiben. Die grau-weiße Farbmischung ist für verschneite Landschaften geeignet, die bräunliche Farbkombination ist am besten in freiem, niedrig bewachsenem Gelände. Tierfotografie im Winter war nie eine angenehme Sache, aber die richtige Kleidung hat das geändert. Besonders erwähnenswert sind die dreilagigen Handschuhe für einen geschickteren Umgang mit der Kamera.

Einige andere wertvolle Ausrüstungsgegenstände, die wir brauchen, sind Rucksäcke, Gürteltaschen, eine leichte Fotoweste, Lockpfeifen und ein Tarnzelt. Bei weitem das beste Tarnzelt ist das „Rue Enterprises' Ultimate" (siehe Adresse in „Organisationen"), das geräumig und schnell aufgestellt und mit nur 4 kg Gewicht leicht zu transportieren ist. Auch das „Rue Pocket"-Tarnzelt ist sehr gut geeignet. Es ist ein oben geschlossener Zylinder aus Tarngewebe mit Öffnungen für Augen, Hände und Kamera, der einfach über Fotograf und Kamera gestülpt wird. Ob man sitzt, hockt oder steht, man ist von Kopf bis Fuß abgedeckt. Regenhauben (oder ein Schirm) für Kamera und Objektive besonders in regenreichen Gebieten wie Alaska sind wertvoll und ebenso bei Outdoor-Ausrüstern erhältlich.

Es gibt jedes Jahr Zeiten und Orte, wo ein bestimmtes Zubehör lebenswichtiger ist als alles andere: Mückenschutzmittel. Im Sommer verlassen wir das Haus nie ohne.

Szenen aus dem Land der Hirsche in Montana. Hier leben Maultier- und Weißwedelhirsch, Wapiti und Elch.

Murry Burnham klappert mit den Stangen, während Peggy Bauer darauf wartet, ein Foto von einem sich nähernden Hirsch zu schießen.

Trophäenjagd mit der Kamera

Zugegebenermaßen, das, was eine wahre Trophäe von irgendeiner Tierart im Auge des Betrachters genau ausmacht, veranlaßt immer mehr Naturliebhaber dazu, mit der Kamera auf Jagd zu gehen oder einfach die wertvolle Erfahrung zu machen, einen stattlichen, männlichen Hirsch in einem unvergeßlichen, goldenen Herbst zu beobachten, wenn die Natur sich von ihrer schönsten Seite zeigt.

Das Beobachten und Fotografieren von Hirschen ist ein herausfordernder und lohnender Zeitvertreib, der von den Vorstadtgärten bis in die tiefste Wildnis möglich ist. Sie können das Hobby so intensiv oder locker betreiben, wie sie möchten. Es gibt keine Schonzeiten oder Mengenbegrenzungen, und es sind keine Genehmigungen erforderlich. Im folgenden werden einige Hinweise gegeben, wie man große oder überdurchschnittliche Hirsche findet.

Zuerst wählen Sie eine geeignete Gegend aus. Beispielsweise werden Sie kaum größere Gruppen von Wapitis oder Maultierhirschen in überweideten, übernutzten Flächen in den westlichen USA oder Kanada, wo es nur wenig Nahrung gibt, finden. Die Erfolgschancen steigen, wenn Sie sich auf Wintergebiete in Nationalparks und Reservaten und Wildschutzgebiete konzentrieren, wo die Jagd nicht erlaubt ist. Tiere, welche die Sicherheit in Schutzgebieten gewohnt sind, sind weniger mißtrauisch gegenüber Menschen mit Ferngläsern und Fotoausrüstungen. Denken Sie daran, daß Sie keine abgeworfenen Geweihe aus Nationalparks und anderen Schutzgebieten mitnehmen.

Eine stattliche Trophäe in der Natur zu entdecken, ist definitiv nicht einfach. Ein Bulle oder Bock erreicht nicht ein hohes Alter und eine mächtige Geweihgröße, indem er unvorsichtig ist und somit kaum lange genug überlebt, um Erfahrungen zu sammeln. Wenn möglich, versuchen Sie ein gutes Bild von dem Geweih zu schießen, zunächst von vorne und dann von der Seite. Vergessen Sie die Körpergröße und alles andere, was ablenkt. Konzentrieren Sie sich auf das Geweih. An anderen Stellen in diesem Buch habe ich beschrieben, woran man kapitale Hirsche bei den einzelnen Arten erkennt. Das genaue Betrachten der Fotos in diesem Buch ist auch hilfreich dabei.

Seit vielen Jahren haben Peggy und ich nun Geweihe durch die Teleobjektive unserer Kameras abgeschätzt und registriert. Glücklicherweise haben wir eine Menge Prachtexemplare gesehen und dabei auf den Auslöser gedrückt. Auf der ganzen Welt gibt es keinen Sport, der mit diesem vergleichbar wäre.

Peggy Bauer verwendet eine Spiegelreflexkamera mit Zoom-Objektiv, um einen liegenden Wapiti im Yellowstone Nationalpark zu fotografieren. Gegenüberliegende Seite: Das kompakteste und transportabelste – und unser bevorzugtes – Tarnzelt ist das L. L. Rue Ultimate, hier im Einsatz gezeigt.

Ein sehr großer Wapiti beim Rufen im September.

ORGANISATIONEN

Boone and Crockett Club
Old Milwaukee Depot
250 Station Drive
Missoula, MT 59 801

Buckhorn Hall of Horns
Lone Star Brewery
600 Lone Star Boulevard
San Antonio, TX 78 204
210 - 270 - 9465

Foundation for North America Big Game
Box 2710
Woodbridge, VA 22 192

KOA, Kampgrounds of America, Dave Nusbaum
P. O. Box 30 162
Billinge, MT 59 107
406 - 248 - 7444

Longhunter Society
P. O. Box 67
Friendship, IN 47 021

North American Shed Hunters Club
19 790 Dogwood Street NW
Cedar, MN 55 011

Pope and Young Club
P. O. Box 548
Chatfield, MN 55 923

Rocky Mountain Elk Foundation
2291 West Broadway
Missoula, MT 59 802
800 - 225 - 5355

Rue Enterprises
138 Millbrook Road
Blairstown, NJ 07 825
908 - 362 - 6616

Safari Club International
4800 West Gates Pass Road
Tucson, AZ 85 745

Sleeping Indian Designs
P. O. Box 8517
Jackson, WY 83 001
Kataloganforderung:
307 - 739 - 9802

Whitetail World Museum
P. O. Box 40
Clarksville, AR 72 830
501 - 754 - 8620

Wimberley Design
133 Bryarly Road
Winchester, VA 22 603
703 - 665 - 2744

LITERATUR

Bauer, Erwin: Deer in the World. Outdoor Life Books. New York, 1980.

Bauer, Erwin: Horned and Antlered Game. Outdoor Life Books. New York, 1986.

Bauer, Erwin: Predators of North America. Outdoor Life Books. New York, 1986.

Bauer, Erwin A., und Peggy Bauer: Whitetails. Behavior, Ecology and Conservation. Voyageur Press, Stillwater, MN, 1993.

Bauer, Erwin, und Peggy Bauer: Wildlife Adventures with a Camera. Harry N. Abrams, New York, 1984.

Bauer, Erwin A., und Peggy Bauer: Yellowstone. Voyageur Press, Stillwater, MN, 1993.

Boone and Crockett Club: Records of North American Big Game. Tenth edition. Falcon Press, Helena, MT, 1993.

Brown, Robert D. (Hrsg.): Antler Development in Cervidae. Texas A & I University, Kingsville, TX, 1986.

Calef, George: Caribou and the Barren Lands. Firefly Books, Toronto, Ontario, 1981.

Dalrymple, Byron W.: North American Big Game Animals. Outdoor Life Books, New York, 1978.

Goss, Richard: Deer Antlers: Regeneration, Function & Evolution. Academic Press, Orlando, FL, 1989.

Laycock, George: Whitetail. W. W. Norton, New York, 1966.

Madson, John et. al.: Outdoor Life Deer Hunter's Encyclopedia. Outdoor Life Books, New York, 1985.

Mech, L. David: The Way of the Wolf. Voyageur Press, Stillwater, MN, 1980.

Murie, Olausa: The Elk of North America. Stackpole Books, Harrisburg, PA, 1951.

Putman, Rory: The Natural History of Deer. Cornell University Press, Ithaca, NY, 1988.

Rocky Mountain Elk Foundation: Majesty. Falcon Press, Helena, MT, 1993.

Rogers, Robert: Great Whitetails of North America. Texas Hunting Services, Corpus Christi, TX, 1981.

Rue, Leonard Lee III.: The Deer of North America. Outdoor Life-Crown, New York, 1978.

Safari Club International: Record Book of Trophy Animals. Greenhorn Publishing, Rocky Mountain House, Alta, 1982.

Thornberry, Russell: Trophy Deer of Alberta. Greenhorn Publishing, Rocky Mountain Hous, Alta, 1982.

Wegner, Rob: Bibliography on Deer and Deer Hunting: A Comprehensive Annotated Compilation of Books in English Pertaining to Deer and Their Hunting. Watkins Natural History Books, Dolgeville, NY, 1991.

Whitehead, G. Kenneth: Deer of the World. Viking Press, New York, 1972.

Whitehead, G. Kenneth: The Whitehead Encyclopedia of Deer. Voyageur Press, Stillwater, MN, 1993.

Wildlife Management Institute: White-Tailed Deer Ecology and Management. Stackpole Books, Harrisburg, PA, 1984.

Wildlife Management Institute: Big Game of North America. Stackpole Books, Harrisburg, PA, 1978.

REGISTER

ÜBER DIE BAUERS

Erwin und Peggy Bauer sind vielbeschäftigte Profifotografen und schreiben über Themen aus den Bereichen Reise, Abenteuer und Umwelt. Die Bauers leben in Paradise Valley in Montana. Seit über vierzig Jahren haben sie sich auf das Fotografieren von Wildtieren auf der ganzen Welt spezialisiert. Ihre Motive stammen aus Gebieten zwischen Arktis und Antarktis, Borneo und Brasilien, Afrika und Indien und anderen abgelegenen Orten.

Erwin und Peggy Bauer sind vielleicht die Tierfotografen, deren Bilder weltweit am häufigsten veröffentlicht werden. Zu den Magazinen, die ihre Bilder abdrucken, gehören „Natural History", „Outdoor Life", „Audubon", „National Geographic", „Smithsonian", „Wildlife Conservation", „National Wildlife" und „International Wildlife", „Sierra", „Safari", „Chevron USA" und „Nature Conservancy".

Ihre Fotos illustrieren jährlich die Kalender des „Sierra Club", der „Audubon Gesellschaft", des „World Wildlife Fund" und anderer.

Die Bauers haben mehr als ein Dutzend Bücher herausgegeben einschließlich „Yellowstone" und „Whitetails", beide erschienen bei Voyageur Press. Das Ehepaar hat in nationalen und internationalen Fotowettbewerben Preise für ihre Tierfotografien gewonnen.